PLACAGES EN PIERRES NATURELLES

NOUVEAU SYSTÈME

Offrant une Économie considérable pour les Constructions et les Réparations des

Edifices, Églises, Châteaux, Maisons, etc.

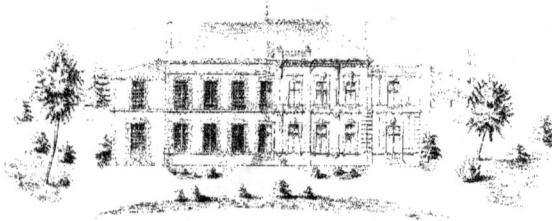

Par A. JUTTEAU,

A PARIS, CAUDRILIER,
1861.

MÉMOIRE

SUR LES DIVERS AVANTAGES DES PLACAGES EN PIERRES NATURELLES,

APPLICABLES AUX ÉDIFICES, CHATEAUX, MAISONS, etc.,

Par A. JUTTEAU, Architecte à Orléans (Loiret).

Nous vivons à une époque où l'esprit d'invention porté au plus haut degré dans les arts et l'industrie, enfante des progrès qui viennent, avec toute l'économie possible , apporter dans les différentes classes de la société un bien-être inconnu jusqu'ici.

Pour ce qui est de l'Architecture en particulier, il est permis aujourd'hui d'établir pour tout le monde une habitation confortable qui eût autrefois passé pour luxueuse, à cause de l'énorme dépense qu'elle nécessitait.

Au nombre des améliorations qui se sont produites en architecture jusqu'à ce jour, nous espérons voir bientôt généralement appréciée celle dont il est question dans ce Mémoire. Sans doute, il est difficile de voir aujourd'hui dans les constructions plus d'élégance et de commodités réunies; mais il faut savoir à quel prix et convenir ensuite que le progrès n'a pas encore été poussé au point d'abaisser la valeur de bien des choses nécessaires au besoin des masses, et dont elles sont cependant privées par l'effet d'une cherté excessive.

Tout le monde convient que l'on s'attache davantage à son foyer lorsqu'on y trouve toutes ses aises, lorsque toutes les commodités de la vie matérielle y sont réunies. C'est donc à ce but que doivent viser tout propriétaire et tout locataire. Aider l'un et l'autre dans cette circonstance, leur procurer les moyens d'avoir un confortable en harmonie avec leurs ressources, et avec le moins de dépense possible, voilà ce que nous proposons. Pour cela, nous faisons dans la construction primitive, et sans compromettre en rien la solidité dont nous sommes toujours garant, une réduction considérable dans la dépense, point important qui a toujours été négligé jusqu'ici, ce qui n'a plus permis ensuite de consacrer les sommes nécessaires à un agencement indispensable au bien-être que l'on recherche.

Il est bien convenu que nous n'entendons pas par confortable ce luxe ridicule qui règne parfois dans certaines maisons de mauvais goût, nous ne voulons parler que de ces habitations largement percées, bien distribuées, ornées sans profusion, d'un aspect riant et gracieux au-dehors, d'un accès facile à l'intérieur.

On dit avec raison : « Ce ne sont pas toujours les lambris dorés qui procurent une bonne santé. » Nous ajouterons que l'excès en pareil cas ne démontre pas toujours le bon goût et la distinction ; la grâce et la richesse des formes consistent souvent dans la simplicité de l'ornementation, et c'est sous cet aspect qu'elles plaisent le plus, surtout quand elles sont le résultat du travail et de l'intelligence.

En général, il faudrait que l'aisance intérieure pût suivre le mouvement de la fortune dans la vie de l'homme ; il y trouverait un charme qui pourrait contribuer puissamment au bonheur de son existence.

Il serait donc à désirer que ce bien-être, comme nous l'entendons, pût être établi dans des conditions possibles pour tous ; c'est ce dont l'Architecture ne se préoccupe pas assez. On se laisse entraîner le plus souvent à ses propres inspirations, sans s'inquiéter beaucoup la question économique ; de là, refroidissement dans les bonnes dispositions du propriétaire, et, par suite, retour à la routine.

Le véritable mérite en architecture doit donc être, comme dans toute autre profession, de viser au mieux avec le plus d'économie possible.

Nous le répétons, ce sont ces principes qui nous ont guidé dans le plan que nous avons adopté pour les constructions et restaurations de bâtiments, et pour tout ce qui nous a paru le plus en retard au point de vue de la question d'économie.

Pour nous, il n'est pas nécessaire, dans les constructions de façades, de bâtir les murs en pierres de taille massives, pas plus qu'on ne le fait dans les murs séparatifs ayant tout autant d'importance, et que l'on construit très-bien en moellons ; donc, construire en pierres de taille massives est pour nous, le plus souvent, un excès de solidité tout-à-fait inutile, que nous ne conseillerons jamais, surtout dans les localités où la pierre est rare ; c'est un surcroît de dépense qui constitue un gros capital, de forts intérêts ou des loyers exorbitans, toujours au préjudice des masses.

Mais ce qui nous a surtout frappé dans l'exercice de notre profession, c'est l'insuffisance des moyens employés dans les restaurations des édifices, châteaux, etc., surtout pour ceux qui sont éloignés des centres. Ainsi, qu'un château soit construit tout en briques, on peut le restaurer, mais sans en changer l'aspect monotone. Qu'un autre château soit construit en pierres de taille dont le temps a détérioré ou fait disparaître les saillies, on ne pouvait jusqu'ici le restaurer qu'en rapportant des morceaux de pierre en encastrement, raccommodage toujours visible et peu gracieux, qui équivalait, à peu de chose près, à une dépense de reconstruction, encore était-on obligé de reproduire l'ancien état de choses bon ou mauvais.

On comprend que le propriétaire devait reculer devant de semblables moyens toujours très-coûteux, qui ne changeaient en rien l'aspect de son château, sur lequel il était souvent blasé. De là aussi le contraste qui étonne si singulièrement entre l'extérieur négligé des anciennes habitations que l'on croirait parfois abandonnées, et leur intérieur que l'on est tout surpris de trouver restauré selon le goût de notre époque.

D'où vient ce contraste ?... C'est que, comme nous venons de le dire, le progrès a fait qu'avec un peintre et un tapissier, on restaure ou l'on change facilement et rapidement l'ancien état de choses à l'intérieur sans troubler beaucoup la jouissance des habitants, et que, pour appliquer une restauration ou un changement analogue à l'extérieur, il faut, par l'ancien système, ou un replâtrage qui ne dure pas, ou un revêtissement en pierres factices qui ne se raccordent pas d'abord entre elles, ni avec ce que l'on veut reproduire, et qui ne sont pas toujours solides, ou bien encore les morceaux rapportés et encastrés, ainsi que nous le disions tout-à-l'heure, ce qui ébranle souvent tout ou partie de l'édifice. Il n'y a donc, dans ces procédés de restaurations, rien d'engageant pour le propriétaire, et l'on doit comprendre que plus d'une fois, bien à regret, il ait dû se contenter d'une restauration intérieure.

C'est parce que nous avons reconnu tous ces obstacles, tous ces inconvénients, que nous avons été surpris de ces contrastes, que nous avons été témoin de tous ces regrets, que nous nous sommes occupé depuis plusieurs années à trouver le moyen de faire cesser les uns et de faire disparaître les autres.

Ce moyen, c'est l'application de notre système de revêtements en pierres naturelles, dont nous avons fait plusieurs essais satisfaisants sous tous les rapports.

Ces essais, nous les avons fait constater par les propriétaires sur des certificats que nous tenons à la disposition de toutes personnes qui désireront en prendre connaissance (voir la copie à la fin de ce Mémoire). Ils nous permettent désormais de lever les quelques doutes qui pourraient exister sur la solidité de notre système, en accordant la même garantie que pour tous les autres travaux d'architecture dirigés par nous, aux termes de l'art. 1792 du Code Napoléon.

Ainsi, avec notre système, les restaurations ne se feront plus seulement dans les intérieurs, mais aux extérieurs, avec tout le luxe et toute l'élégance que réclame l'architecture du meilleur goût, et avec cet avantage immense de ne pas troubler un seul instant la jouissance des propriétaires de châteaux ou de simples maisons.

Désormais plus de contraste dans les habitations : à un intérieur riche, nous pouvons appliquer un extérieur élégant orné de moulures et de sculptures ; à un intérieur modeste, nous faisons correspondre un extérieur simple ; enfin nous pouvons donner tous les degrés du confortable tant intérieur qu'extérieur, aborder tous les styles, tous les genres, suivant le goût que l'on nous manifestera.

Que l'on comprenne bien que nous ne démolissons pas, que nous ne dégradons par conséquent rien à l'intérieur, et cependant nous changeons complétement le style des anciennes façades, suivant le désir du propriétaire.

Voici, en quelques mots, notre moyen d'opérer. Il est très-simple : Nous relevons exactement le plan des façades de la maison qu'on désire restaurer, nous dessinons un projet d'après ce plan ; ce projet accepté, nous établissons le devis que nous engageons toujours à ne jamais dépasser, et ensuite nous faisons exécuter le travail dans l'atelier du fournisseur. Ce travail n'étant jamais interrompu est rapidement fait, car les ouvriers opèrent à couvert en toutes saisons. Toutes les pièces sont taillées et ajustées avant l'enlèvement ; la pose seule reste à faire sur les lieux, ce qui réduit le travail à très-peu de chose. Il résulte de là que deux ouvriers seulement font en six semaines ce que huit ou dix maçons, tailleurs de pierres, sculpteurs, etc., ne feraient pas en six mois.

Une des précieuses économies de notre système consiste donc en ce que les quatre cinquièmes du travail peuvent se faire dans l'atelier même du fournisseur, en tout temps. — De là pas de frais de déplacement, transports insignifiants par la réduction de la pierre à son moindre volume.

Nous n'en dirons pas plus sur les avantages généraux de notre invention dont nous allons faire ressortir seulement quelques applications particulières.

APPLICATION DES PLACAGES EN PIERRES NATURELLES AUX CONSTRUCTIONS DES VILLES ET DES CAMPAGNES ENVIRONNANTES.

A Paris, les exigences de la voirie font que, dans certains quartiers, l'on ne peut construire sur l'alignement qu'en pierres de taille massives, ce qui entraîne, ainsi que nous le disions plus haut, l'élévation du prix des locations ; mais en-dehors des alignements et dans la plupart des autres quartiers, nous pouvons appliquer notre système de même qu'aux façades donnant sur les cours et jardins ; nous construisons d'abord les façades en moellons et plâtre ou mortier (voyez Pl. Ier), et nous revêtissons le tout de notre placage Pl. II ; ces dessins ont surtout rapport à une villa aux environs de Paris, mais ils sont suffisants pour faire comprendre notre application sur toutes constructions en moellons.

Nous arrivons donc à remplacer le replâtrage d'un entretien coûteux sans beaucoup plus de dépense, à remplacer la pierre massive en faisant aussi riche et non moins solidement, et en économisant les trois cinquièmes de la dépense ; ainsi les façades d'un hôtel qui coûteraient 100,000 francs, nous pouvons les faire en moellons et placages pour 40,000 francs.

Pour les maisons de campagne et villas aux environs de Paris, l'économie des transports, la main-d'œuvre faite en grande partie à l'atelier, évitent des frais considérables de déplacement ; de sorte qu'une construction en pierres massives qui coûterait 180,000 francs, peut être faite avec nos placages pour 55,000 francs ; revêtue de plâtre, ce qui est beaucoup moins solide et d'un cachet moins sévère, elle coûterait seulement un dixième en moins, soit 49,500 francs. Enfin, la même villa revêtue de placages en pierres factices fabriquées dans des moules, travail lourd et empâté, d'une nuance équivoque, coûterait également 55,000 francs. — Ainsi nous pouvons faire au même prix, avec un cachet particulier, avec pierres de taille naturelles, avec toute la finesse d'exécution que ne peut donner le moulage et que donne le ciseau dont nous nous servons comme dans tous les autres travaux de pierres de taille.

On comprendra toute l'importance de l'économie que nous offrons, économie qui compense largement la question de durée de nos placages.

Mais on nous dit : « Vous pouvez garantir dix ans la solidité de votre système, et vous ne sauriez en garantir la durée plus de quarante ans. »

Nous entendons garantir indéfiniment la durée de nos revêtements, si l'on a soin d'entretenir les joints des parties en saillies, ce qui est d'une dépense insignifiante, ou de couvrir les saillies par des bandes en zinc, ainsi que cela se fait dans les constructions ordinaires, non-seulement dans le but d'éviter la disjonction des pierres, mais aussi pour éviter les bavures de l'eau qui noircissent toujours plus vite les parties saillantes, ce qui est d'un vilain effet.

Nous voulons bien convenir un instant que la durée de nos placages ne sera que de quarante ans ; seulement, dans ce cas, nous allons faire voir avec quelques chiffres que l'importance de notre système ne saurait être amoindrie au point de vue de l'économie ; ainsi, si nous arrivons à faire pour 40,000 francs, ce qui coûterait, en pierres massives, 160,000 fr., — nous obtenons 60,000 francs d'économie, lesquels 60,000 francs, au bout de quarante ans de durée, doivent valoir, les intérêts capitalisés aux taux ordinaires, plus de 180,000 francs. — C'est incontestable.

Nous pouvons donc, comme on le voit, prendre 40,000 francs à nouveau sur les 180,000 francs, pour remplacer alors l'ancien revêtement, s'il y a lieu ; il resterait encore 140,000 fr. d'économie. — Nous n'avons rien à ajouter à l'éloquence persuasive de ces chiffres. — Nous dirons seulement que le jour où nous changerions nos placages, ce qui ne serait pas un inconvénient, puisque nous pouvons le faire sans interrompre la jouissance, nous pourrions avoir l'avantage immense d'en changer également l'architecture et le modèle, suivant le goût de l'époque ou la nouvelle fantaisie du propriétaire, si, comme il est probable, le progrès à cet égard n'est pas resté stationnaire.

Ainsi, de même que l'élégance et la distinction suivent les lois de la mode, de même nous pourrions aussi, en architecture, adopter les idées nouvelles et les améliorations résultant du progrès.

Notre système est donc très-avantageux pour les revêtements de constructions, soit en ville, soit à la campagne, sur n'importe quels matériaux employés dans les façades.

MM. les Architectes saisiront, nous en sommes sûr, avec leur intelligence pratique, quel avantage offre l'application de nos placages, qui permet à chacun de donner à son talent tout l'essor possible. La matière première se trouvant diminuée au profit de la main-d'œuvre et de l'élégance, il en résulte que l'on peut agir suivant l'importance des propriétés, par conséquent suivant les ressources et les goûts de sa clientèle.

APPLICATION DES PLACAGES EN PIERRES NATURELLES AUX INTÉRIEURS DES ÉDIFICES, HOTELS, ETC.

Dans les intérieurs, nous pouvons appliquer nos placages sur des murs en moellons, sur des cloisons en briques, voire même sur les pans de bois, pour l'ornementation des galeries, des vestibules, des portails, des escaliers, etc.; nous pouvons faire avec nos placages ce qui se ferait en plâtre ou en bois, et à peu près au même prix ; nous pouvons faire également en marbre ce que nous faisons en pierre, ou employer l'un avec l'autre, suivant n'importe quel projet et à des prix réduits, car nous ne rencontrons pas pour les intérieurs les mêmes difficultés que pour l'extérieur. Nous pouvons faire aussi plus beau qu'en pierres massives, en diminuant ou faisant disparaître les joints dans les moulures.

Pour tous les intérieurs riches et grandioses, notre système est donc d'un emploi facile, aussi bien que pour tous les autres usages auxquels les Architectes voudraient l'approprier.

APPLICATION DES PLACAGES EN PIERRES NATURELLES AUX CHATEAUX ÉLOIGNÉS DES CENTRES.

Les restaurations des châteaux, jusqu'à ce jour, se sont faites en grande partie par la pierre factice; mais la plupart de ces compositions, quoique très-dures, ont peu d'affinité avec le plâtre qui sert à les sceller, il s'ensuit que beaucoup de ces placages ne tiennent que par l'agrafe qui sert à les fixer, ce qui fait que souvent on peut les faire remuer avec la main. D'un autre côté, l'effet de la dilatation de la matière employée pour ces sortes de compositions, fait que soit à la chaleur, soit à la sortie du moule, les morceaux se contractent en sens différent, qu'à la pose on ne peut les raccorder et que des disjonctions existent presqu'à chaque joint. Ajoutez à cela une nuance inégale et l'inconvénient pour un propriétaire de trouver la même ornementation de son château chez plusieurs de ses voisins, puisque le moulage peut produire deux ou trois cents fois les mêmes épreuves.

Nous avons fait ressortir dans la description de l'application générale de notre système qu'aucun de ces inconvénients n'a lieu avec nos placages, et que chacune de nos restaurations aura toujours son cachet particulier.

Nous avons joint à cet Album les dessins des trois restaurations que nous avons faites comme essais : Pl. III, IV, V, VI, VII et VIII. D'un côté est le vieux château, de l'autre le même château restauré. Nous offrons à l'appui de ces divers essais les certificats de satisfaction et de bonne exécution des propriétaires (voir les copies à la fin du Mémoire), et nous pouvons de plus faire apprécier, par quiconque le désirera, nos travaux sur les lieux mêmes.

Ainsi, aujourd'hui, le propriétaire qui aime la vie calme et paisible de la campagne, pourra donner suite à ses goûts de confortable, non pas seulement pour l'intérieur de son habitation, mais aussi pour l'extérieur. Il pourra désormais donner un aspect en rapport avec sa propriété, et voir au milieu de son jardin et à l'extrémité de son parc une élégante construction digne de la poétique nature qui l'entourera.

Nous résumons en peu de mots les avantages immenses que nous offrons aux propriétaires de châteaux ou de maisons de campagne :

Restauration élégante conformément au style choisi.

Economie considérable sur tout ce qui se faisait de solide jusqu'à ce jour.

Economie sur le travail, lequel se fait aux trois quarts chez le fournisseur.

Transports insignifiants, vu le peu de poids de nos placages.

Economie des frais de déplacement, la pose seule se faisant sur les lieux.

Enfin solidité garantie pendant dix années.

Plus les restaurations sont éloignées des centres, plus notre système offre d'économie par le transport et les frais de déplacement.

Dans les localités où la pierre de taille n'existe pas, où l'on ne construit qu'en briques, mauvaises pierres ou grès impossible à travailler pour faire de l'architecture, nous pouvons expédier nos placages et changer l'aspect monotone des façades.

Notre Pl. IX donne un ancien château construit en briques, la Pl. X donne le même château qui pourrait être restauré avec nos placages dans le genre Louis XIII. — Nous ferons remarquer que nous aurions pu reproduire tout autre genre. Mais le temps nous ayant manqué, nous nous sommes servi de notre dessin du château du Cerbois qui, bien que représentant une construction neuve, donne l'idée d'une restauration analogue. — Les avantages de notre système dans cette nouvelle construction sont ceux que nous avons fait ressortir plus haut et qui sont constatés par le propriétaire à la fin de ce Mémoire.

APPLICATION DES PLACAGES EN PIERRES NATURELLES AUX INTÉRIEURS ET EXTÉRIEURS DES ÉGLISES, CHAPELLES, ETC.

C'est encore un des plus beaux avantages de nos placages que leur application aux édifices religieux. Jusqu'à ce jour, les restaurations de nos églises se concentraient à l'intérieur, à défaut de moyens pratiques et économiques pour les extérieurs. Dans l'intérieur, on emploie le bois et le plâtre, à l'extérieur, on ne peut employer que de la pierre, et jusqu'ici on ne l'employait que d'après un système équivalant presque à une reconstruction dépassant le plus souvent les ressources des fabriques ou des communes. Avec notre système, non-seulement nous restaurons les intérieurs des églises, des chapelles, etc., mais aussi les extérieurs. Voyez notre Pl. XI, représentant une vieille église comme elles existent communément ; maintenant voyez notre restauration Pl. XII, dans le style ogival. Nous ferons remarquer que nous ne changeons rien de l'ancienne façade, et que nous exécutons ce que l'on ne peut faire en pierres massives sans tout démolir. Nous ajouterons que nous pouvons également offrir dans ces sortes de restaurations toutes les importantes économies et tous les avantages que nous avons fait ressortir dans les autres applications, ce qui permettra aux fabriques et aux communes de faire à l'avenir suivant leurs ressources.

Ainsi, MM. les Curés pourront donner suite à leurs projets d'embellissement, non-seulement à l'intérieur, mais à l'extérieur des églises ; là où l'aspect ne sera pas digne de la maison de Dieu, nous pouvons, à très-peu de frais, rétablir ce cachet grandiose, ou du moins cette dignité qui doit appartenir essentiellement aux édifices religieux, sans troubler un instant l'exercice du culte. Notre manière d'opérer sera la même que pour toutes les autres applications ; nous nous engageons aussi à ne pas dépasser nos devis, de même que nous accordons la même garantie.

Nous aurions encore beaucoup d'autres applications particulières à citer, et nous aurions pu donner un plus grand nombre de dessins, mais nous croyons cet Album parfaitement suffisant, en ce que nous ne saurions rencontrer, dans ce que nous omettons, plus de difficultés que dans celles que nous avons décrites, par conséquent nous ne saurions que nous répéter, sans être plus clair.

Ainsi le progrès a fait que, dans l'intérêt général et du confort intérieur, on a plaqué les meubles en bois d'acajou, d'ébène, de rose, etc. ; on a plaqué les ornements, les bijoux, en or, en argent, en bronze, etc. — Nous, nous plaquons en pierres naturelles les édifices, châteaux, maisons, etc. ; — nous croyons avoir comblé une lacune et rendu un service important au triple point de vue de l'art, du confort et de l'économie.

A. JUTTEAU,
ARCHITECTE.

Orléans, le 1er décembre 1860.

EXAMEN CRITIQUE DU SYSTÈME DE DÉCORATION ARCHITECTURALE DE M. JUTTEAU, ARCHITECTE A ORLÉANS,

PRÉSENTÉ PAR M. COLLIN, A LA SOCIÉTÉ D'AGRICULTURE, SCIENCES, BELLES-LETTRES & ARTS D'ORLÉANS, DANS LA SÉANCE DU 7 FÉVRIER 1862.

I.

Les dispositions et distributions extérieures et intérieures des édifices publics et des habitations privées se modifient, dans la succession des temps, selon les besoins, les nécessités, les goûts ou le caprice des peuples et des hommes. Les cirques, les théâtres, les palais des Romains ne ressemblent plus aux édifices, et les maisons d'habitation privée que l'on a découvertes sous les cendres et les scories du Vésuve à Pompéi et à Herculanum, considérées, quant à leurs dispositions, proportions et distributions intérieures et extérieures, diffèrent notablement des maisons d'habitation des peuples modernes.

L'art de décorer les façades des édifices et des maisons d'habitation n'est pas nouveau. Les murailles antiques portent les traces des enduits variés que les architectes appliquaient sur leurs surfaces pour les embellir.

Les mosaïques et les stucs sont des moyens connus des architectes de tous les temps. Ces revêtements n'avaient, en général, que la décoration pour objet. On fit usage de mortiers composés d'éléments divers pour enduire les parois des citernes et des aqueducs. Ici, l'art était essentiellement utilitaire, et les peuples modernes ont continué l'emploi de ces moyens. Les peintures appliquées sur les fers, sur les bois et même sur les murailles furent aussi des enduits ou revêtements de décoration et de conservation. Dans une foule de circonstances et pour un nombre infini d'usages de la vie contemporaine, nous utilisons ces enduits et revêtements de toute nature, de toute couleur, pour toutes sortes de besoins, de caprices ou de goûts.

Le revêtement ou l'enduit, quelle qu'en soit la nature, peut donc avoir le double caractère de procédé de conservation et de procédé de décoration qu'on retrouve dans la plupart de ses applications. Ainsi le stuc, la mosaïque, les enduits de plâtres, de chaux, de ciments, de mastics; ainsi les peintures, les goudronnages; ainsi l'étamage, la dorure, l'argenture; ainsi les placages plus ou moins précieux en bois rares et précieux; ainsi le mailletage des

pieux et des bois employés dans les ports de mer qui sont exposés aux ravages des tarets. Je n'en finirais pas si je voulais citer tous les exemples de revêtements, d'enduits et de placages.

II.

Un architecte d'Orléans, M. Jutteau, a inventé un nouveau système de revêtement extérieur des édifices et des maisons particulières, qu'il appelle : *Placage en pierres naturelles*. Il refait les façades extérieures des bâtiments, il les transforme à tel point qu'elles sont méconnaissables. C'est à la fois un revêtement de conservation et de décoration; de conservation, parce que l'auteur recommande de ne faire usage que de pierre résistant à la gelée; de décoration, parce qu'il donne à la façade les formes et dispositions qu'il lui plaît, sans toucher nécessairement aux grandes lignes de l'édifice, aux dimensions et à la distribution des baies des portes et fenêtres. Étant donné une maison d'habitation privée, ou un château, de quelque style que ce soit, fussent-ils même absolument dépourvus de style, l'architecte transforme les façades de l'édifice, sans toucher aux distributions intérieures, de telle sorte que cet édifice sort de ses mains revêtu d'une chemise nouvelle, chemise de pierre, de mortier et de brique qui rend l'édifice absolument méconnaissable aux yeux de son propriétaire lui-même.

III.

La Société d'Agriculture, Sciences, Belles-Lettres et Arts d'Orléans a été mise en demeure par M. Jutteau d'exprimer une opinion sur son système. La section des Arts a présenté, dans la séance du 24 juin 1861, un rapport rédigé par l'honorable M. de Monvel, rapport développé quant à l'exposition des avantages du système et des moyens généraux qui lui sont propres; mais nécessairement restreint quant à l'indication des moyens pratiques auxquels l'inventeur doit le succès de son œuvre jusqu'à ce jour, et surtout des moyens plus perfectionnés que ce système

paraît susceptible de recevoir pour le compléter, le rendre durable et le mettre à l'abri des critiques fondamentales et inévitables auxquelles toute invention nouvelle est exposée, et dont quelques-unes seraient justifiées ici, réserve faite du mérite qui lui est propre.

Le savant rapporteur m'avait fait l'honneur de me demander mon appréciation personnelle des travaux exécutés par M. Jutteau pour la restauration du petit château de *Bel-Air* (planches VII-VIII de l'Atlas). Ne connaissant, à cette époque, la méthode de l'auteur que d'une manière superficielle et trop incomplète, j'ai dû faire des réserves pour un examen ultérieur et une étude plus approfondie. Tout en rendant justice à la bonne apparence que présentait la façade du château de *Bel-Air*, qui avait résisté à deux hivers rigoureux, je sentais le besoin de voir d'autres spécimens de l'application du système, et surtout de m'assurer par mes yeux de la qualité d'exécution du travail; ce n'était pas assez, en effet, de juger de l'aspect extérieur et architectural; il fallait aussi se rendre compte, soit du mérite des procédés de détail et de leurs avantages, soit de leurs défauts et de leurs inconvénients; car de cet ensemble devait découler, par une induction naturelle et logique, la probabilité, sinon la certitude de la véritable valeur de l'invention de M. Jutteau. Ma lettre du 13 mai 1861 renfermait d'ailleurs une sorte d'engagement de soumettre ultérieurement aux suffrages de la Société les observations à l'égard desquelles j'avais cru devoir (et il me semblait prudent de faire des réserves, tout autant pour sauvegarder l'autorité morale de la Compagnie savante dont on sollicitait, en quelque sorte, le patronage, que pour éclairer l'auteur lui-même) le diriger dans ses applications nouvelles, et lui montrer les périls et les écueils auxquels il pouvait être exposé, s'il avait persisté invariablement dans des idées trop absolues.

IV.

Il pourrait peut-être sembler inopportun de rappeler ici les considérations d'ensemble et les détails que comporte l'application du système; l'honorable rapporteur vous les a exposées avec une grande lucidité. L'auteur du système vous a d'ailleurs offert un Atlas qui contient, indépendamment de plusieurs très-beaux dessins de bâtiments primitifs et restaurés, une notice assez étendue sur l'application de sa méthode et les avantages qu'elle présente. Il a, de plus, distribué ultérieurement aux membres de la section des Arts quelques dessins de détails accompagnés d'une nouvelle notice justificative : tous ces documents suffisent donc pour mettre à jour le système et le faire connaître à ceux qui voudront l'étudier.

Mais ce n'est pas assez : l'attitude que j'ai prise personnellement au sein de la section des Arts pour demander de ne pas prodiguer, avant le temps, les éloges à M. Jutteau, bien que ces éloges fussent mérités, je m'empresse de le répéter, et les réserves contenues dans ma lettre du 13 mai, dont la Société a désiré l'insertion *in extenso* dans le rapport de l'honorable M. de Monvel, me créaient une situation délicate et me faisaient un strict devoir de justifier au jour où l'autre les réserves que j'avais cru devoir formuler. La Société voudra donc bien me permettre de reprendre la question à son origine et d'entrer dans l'examen fondamental du système. J'essaierai d'être court, en m'efforçant de ne laisser dans l'ombre aucun des côtés de cette intéressante question.

V.

Que se propose M. Jutteau? de donner à la façade d'un bâtiment qui manque de caractère, de style et de décoration, un aspect nouveau par l'application d'un revêtement de pierre naturelle en simple placage. Telle est la question réduite à ses termes les plus vrais. Nous dirons plus loin si l'auteur entend se renfermer absolument dans cette formule rigoureuse.

L'inventeur accepte donc la façade que vous lui donnez : il est entendu qu'il ne change rien aux grandes distributions des baies, qu'il laisse, en un mot, à la façade ses dispositions primitives, puisqu'il déclare que le propriétaire ou le locataire qui habite la maison ne sera ni tourmenté ni inquiété dans les habitudes de sa vie usuelle, et qu'il est censé ne pas même s'apercevoir du travail que l'on fait extérieurement pour embellir l'édifice.

L'auteur admet que le bâtiment est de bonne construction et qu'il offre assez de résistance pour supporter le revêtement qu'il applique contre sa façade. C'est l'hypothèse fondamentale.

La pierre calcaire de Malinvaux (calcaire oolitique) qui résiste bien à la gelée, qui se débite aisément à la scie, qui supporte le taillage, les refouillements, la sculpture sans éclater sous le ciseau, est la matière à laquelle l'auteur a donné jusqu'ici la préférence *dans la localité d'Orléans* pour les bâtiments qu'il a déjà restaurés. Elle est divisée en plaques ou feuilles de trois à six centimètres d'épaisseur, selon les exigences des appareils, et coupée en panneaux de dimensions superficielles variables en rapport avec les besoins de l'ornementation. Aux quatre tranches latérales de ces panneaux sont ménagées des rainures et languettes comme celles des feuilles de parquet. De distance à autre, des crampons, soit de cuivre, soit de fer galvanisé (pour prévenir les ruptures par l'action de l'oxidation du fer), scellés dans le mur, à la méthode ordinaire, portent un petit goujon cylindrique qui pénètre dans un trou pratiqué dans le joint supérieur du panneau que l'on pose. Dans l'emplacement de ce trou, l'on fait disparaître la languette.

Quand un panneau ainsi ajusté est scellé au mur par son crampon, l'auteur remplit le vide ménagé entre ce panneau et le mur au moyen d'un coulis de plâtre gâché clair, et l'opération est terminée. On passe alors au panneau suivant.

Les revêtements pleins et continus des façades entre les baies se font par assises ou travées entières. Lorsque les baies des portes et fenêtres sont seules encadrées, les panneaux en sont modelés successivement les uns sur les autres par le même procédé.

Les angles saillants des bâtiments et les encadrements purs et simples des baies sans revêtements intermédiaires offrent plus de sujétion, en raison de leur saillie et de leur défaut de solidarité avec des panneaux voisins qui manquent. Les crampons sont alors plus nécessaires ici que partout ailleurs et doivent être plus multipliés.

La partie basse de chaque panneau porte la rainure et la partie haute la languette : cette disposition rationnelle a pour objet de faire obstacle au passage des eaux pluviales qui s'introduiraient par le joint dégradé. Les tranches latérales sont munies aussi de rainures et languettes.

Les plate-bandes des baies s'assemblent à la clé neuve qui est retenue dans le mur par un crochet disposé à cet effet.

L'auteur a donné dans son Atlas et dans les notices subséquentes, des explications étendues sur les moyens qu'il emploie pour les diverses pièces ou parties essentielles de son appareil

de placage ; nous ne croyons pas devoir entrer ici dans d'autres détails : nous en avons dit assez pour faire comprendre l'idée et l'esprit du système et développer quelques observations qui font le sujet essentiel de cette notice.

VI.

Où est l'écueil de ce système? où est le danger? Tout en donnant mon approbation à l'idée très-ingénieuse de l'auteur, je ne lui ai pas dissimulé mes craintes et mes appréhensions, et j'incline à penser que ses convictions se sont un peu modifiées à l'avantage de son invention depuis un an.

L'œuvre décorative de M. Jutteau appliquée à une façade quelconque peut périr ou se détériorer par diverses causes :

La gelée qui détruira la pierre de placage, si elle n'est pas de bonne qualité ;

L'humidité qui ramollira le plâtre coulé ;

Le gonflement du plâtre coulé ;

Les tassements du bâtiment soit indépendants, soit solidaires des tassements propres au placage lui-même ;

Les vibrations dues à la circulation des véhicules sur le pavé des rues qui disjoindront les panneaux de placage ;

Les grandes variations thermométriques qui agiront sur les panneaux, sans agir sur le mur auquel ils sont juxta-posés ;

Les décollements ou les ruptures des crampons et la cassure de la partie supérieure du panneau qui est pénétrée par le goujon de ces crampons.

VII.

Nous avons dit que l'inventeur avait choisi, dans la localité d'Orléans, la pierre oolitique pour faire ses placages. L'expérience prouve que ce calcaire résiste aux gelées de notre climat, quand il est tiré de carrière en bonne saison. Il sera prudent de ne l'employer que deux ou trois ans après. Les gisements de ce calcaire sont très-abondants en France. La facilité des transports permettra donc de tirer ce matériaux de très-loin et de les expédier à de grandes distances. Mais j'ajoute que ce n'est pas la seule nature de calcaire que l'on pourrait employer. On trouve en effet, dans plusieurs localités de France, des calcaires tendres, susceptibles d'être sciés, taillés, refouillés, sculptés et résistant parfaitement à la gelée. L'idée de l'auteur n'est pas absolument corrélative de la nature et des qualités du calcaire oolitique de Malleveau. Elle s'accommoderait de l'emploi de tous les calcaires qui sont susceptibles d'être traités de la même manière, et, je le répète, les gisements de ces roches sont nombreux et abondants. Cette observation permet donc de généraliser l'application de la méthode.

On comprend quel intérêt l'architecte doit avoir à ne choisir que de la pierre inaltérable par la gelée, puisque le remplacement d'un seul panneau gelé présenterait autant de difficultés, en raison de la friabilité de la pierre et des liaisons qu'il faudrait détruire, que celui d'une feuille de parquet assemblée sur quatre faces, à rainures et languettes, indépendamment des échafaudages à élever à grands frais pour la réparation.

La gelée peut pousser le placage au vide, s'il existe entre le placage et le mur des cavités que les eaux d'infiltration puissent remplir. Dans cette hypothèse, ni le coulis de plâtre, ni les crampons, ni les rainures et languettes ne résisteraient. Mais, dira-t-on, il faut admettre deux choses : l'existence d'une cavité et l'accumulation des eaux pluviales ou autres. Nous dirons plus loin que l'existence des vides ou cavités n'est point une hypothèse gratuite. Quant à l'infiltration des eaux, il n'est pas nécessaire de faire un effort de réflexion pour comprendre que cet incident peut se présenter dans un grand nombre de circonstances fortuites et accidentelles, sans que le maître du logis s'en aperçoive où s'en inquiète en aucune façon.

Les placages sont adhérents à la muraille du bâtiment par l'interposition d'un coulis de plâtre gâché clair. L'auteur semble compter sur une durée indéfinie de la résistance de cette matière. Or, l'expérience nous apprend que ce serait une illusion. Tous les constructeurs savent que le plâtre gâché (clair ou serré) se ramollit avec le temps et que sa cohésion diminue d'une manière sensible [1]. Mais l'altération est plus rapide dans l'humidité. On objectera peut-être que le coulis de plâtre est à l'abri de l'humidité. Oui, mais moins qu'on ne le suppose. Tous les calcaires sont plus ou moins poreux. Les calcaires tendres le sont

[1] Sganzin. — Cours de construction, tome 1er, page 491 (1836).

beaucoup [1] : l'humidité atmosphérique et les pluies les pénètrent. Le placage attire constamment donc au coulis de plâtre l'humidité que lui communiqueront la vapeur d'une atmosphérique et les pluies. Sans parler ici des infiltrations d'eau à travers les murs dont nous avons dit un mot précédemment, l'on voit que l'adhérence qui sera communiquée au placage par l'intermédiaire du coulis de plâtre est, en quelque sorte, précaire, et qu'elle s'affaiblira de plus en plus. L'auteur n'oserait certainement pas proposer sérieusement de fixer le placage à l'aide du coulis de plâtre seul, bien qu'il nous dise dans sa notice du 20 février 1861 : que le scellement avec du plâtre pourrait suffire. J'ai quelques raisons de croire que ses idées ont subi des modifications sur ce point important..

Si l'emploi du plâtre n'est pas exempt d'inconvénients, quant à la durée de sa cohésion pour la réussite du système, il n'est pas à l'abri de critiques et d'objections à un autre point de vue.

Gâché clair ou serré, le plâtre subit un mouvement cubique attribué, soit à une action moléculaire, soit à une action hygrométrique. Il éprouve un gonflement, et cette particularité, analogue à celle que l'eau éprouve par la congélation, produit aussi des résultats analogues. Nous avons dit que l'eau congelée dans un vide existant derrière le placage pousserait celui-ci au dehors. Le plâtre coulé derrière le placage peut produire et produit quelquefois une semblable dislocation. Les effets de cette propriété du plâtre sont si énergiques, que certains murs d'anciens bâtiments de Paris, composés de moellons et plâtre se sont gauchis et ont poussé au vide, en formant une boucluure, lorsqu'ils étaient engagés à leurs extrémités dans des bâtiments voisins qui les retenaient [2].

Un placage scellé au mur par du plâtre seul, peut donc être exposé à une destruction, ou tout au moins à une dislocation inévitable.

[1] Un échantillon de placage de Malleveau, immergé pendant 48 heures, a augmenté de poids d'une manière très-sensible : cet échantillon pesait 2,549 grammes avant l'immersion ; après l'immersion il pesait 2,559 grammes. La différence en augmentation est 133 grammes, soit 5,058 du poids initial, ce qui représente un pouvoir imbibitoire ou absorbant à peu près égal à la moitié de celui des briques de la haute Bourgogne bien cuites, mais non vitrifiées ; par la dessiccation, la pierre reprend son poids primitif. (Mémoire sur les chaux hydrauliques et les ciments calcaires de l'Auxois, par M. Collin, inséré aux Annales de l'Académie de Dijon, 1850.)

[2] Sganzin, déjà cité.

L'auteur admet expressément que le bâtiment qu'on lui confie pour le restaurer soit solide et qu'il a éprouvé tous ses tassements. C'est prudent ; puisque l'inventeur ne se propose pas de donner de la solidité au bâtiment, mais seulement de la grâce. Cependant on n'ignore pas que les contractions n'arrivent guère à leur équilibre définitif qu'après un temps assez long. Il n'est pas rare, en effet, de voir des bâtiments exposés à une continuité de tassements, pendant plusieurs années après leur construction [1]. Le placage, aussi mince et aussi léger qu'il soit, est exposé à subir un tassement indépendant de celui du bâtiment lui-même. Cette inégalité d'effet tendra donc à disjoindre les panneaux de placage et à séparer le placage du bâtiment. Ici encore, le plâtre, considéré comme unique moyen de scellement, serait manifestement insuffisant pour prévenir un accident.

Les bâtiments en façade sur les routes ou les rues pavées et sillonnées par des charrettes pesamment chargées, quelle que soit d'ailleurs la vitesse de ces véhicules, sont exposés à subir l'effet des vibrations du sol qui se communiquent à ces bâtiments. Les vibrations répétées entretiennent et favorisent la continuité des tassements pendant de longues années, ou produisent, à défaut de tassement, des effets qui tendent à disloquer les assemblages, à briser les surfaces unies, telles que les enduits et les plafonds et à disjoindre les corps juxta-posés, comme les placages du revêtement de M. Jutiens. Mais les châteaux et les maisons de campagne sont à l'abri de cette cause de dégradation.

Tous les constructeurs connaissent l'influence désastreuse qu'exercent les grandes variations thermométriques. La chaleur dilate, le froid contracte les pierres comme tous les corps de la nature. L'équilibre de température ne s'établit ni aisément ni vite, dans des corps juxta-posés qui possèdent des pouvoirs conducteurs différents. La pierre est un corps doué d'une faible conductibilité ; mais eu égard à la faible épaisseur du placage, l'équilibre thermique s'établira assez vite dans cette épaisseur. Le revêtement se trouvant séparé du mur par une couche de plâtre dont le pouvoir conducteur est différent, il en résultera que chaque panneau du placage subira soit un retrait par le froid, soit un allongement par la chaleur, qui ne se communiquera aisément

[1] J'habite une maison, à Orléans, qui offre cette désagréable particularité.

ni au coulis de plâtre, ni au mur du bâtiment (1). L'enveloppe de pierre subira donc, s'il m'est permis de m'exprimer ainsi, des sensations rapides, analogues à celles qu'éprouve l'enveloppe cutanée du corps humain, lorsque les variations thermométriques sont intenses et brusques; le mur du bâtiment ne participant pas instantanément, à ces variations, pas plus que l'intérieur du corps humain, on observera sur le placage du bâtiment et sur la peau de l'homme des traces manifestes de ces brusques changements. Sur l'organisme humain, l'impression, aussi pénible qu'elle soit, peut ne pas être désorganisatrice, grâce aux ressorts qu'il possède; mais sur le placage inerte du bâtiment, il pourra n'en pas être ainsi. Cette observation est peut-être sans application pratique dans les climats tempérés comme celui de l'Orléanais; mais il me semble qu'elle n'est pas sans valeur pour des régions exposées à de grandes et brusques variations thermométriques. Dans celles-ci, je ne doute pas que le placage ne soit exposé à des mouvements de rétraction et d'allongement qui, s'ils se provoquent pas la dislocation du placage, rendront de moins plus impérieux et plus indispensable l'emploi de tous les moyens de scellement combinés pour maintenir l'adhérence du placage au mur de l'édifice, et d'autant plus que les panneaux seront plus de longueur (2).

Enfin je ferai remarquer que les crampons de fer galvanisé ou de cuivre pourront être descellés à la longue, soit par la décomposition des coins de bois ou par le remollissement du plâtre, et par le défaut de solidité des assises, de la maçonnerie du mur du bâtiment. Dans ces cas, le crampon n'aurait aucune efficacité. — Et si l'on admet que ce crampon résiste à ces causes de descellement, l'on peut craindre que, soit par l'effet de la gelée sur l'humidité du plâtre coulé dans le vide ménagé entre

(1) Cette notion est sans influence sur la stabilité et la durée des façades construites en appareils de grande épaisseur, engagé profondément dans les murs. On le comprend, à priori.

(2) On peut voir l'effet des variations thermométriques sur les meubles incrustés d'arabesques, de filets ou de décorations métalliques. Un meuble ainsi orné, étant exposé à une forte chaleur rayonnante d'une cheminée d'appartement, les filets métalliques s'allongent et sortent de leurs encastrements, en raison de l'inégale conductibilité du bois et du cuivre.

le placage et le mur, soit par le gonflement du plâtre, soit par un ébranlement ou un tassement de l'édifice, la partie supérieure à du panneau crampouné ne soit détaché de la pierre par cassure et que le crampon cesse d'agir sur le placage pour le maintenir dans sa position normale.

Ce sont autant d'éventualités qu'il est prudent de prévoir et qui justifient l'emploi simultané de tous les moyens de scellement combinés.

Je suis donc très-éloigné de partager la sécurité de l'auteur qui paraît croire, dans sa notice du 20 février 1861:

« Qu'un seul des moyens de consolidation pourrait suffire à « fixer des placages. »

Dans l'intérêt de son ingénieuse découverte, il serait utile qu'il modifiât ses idées sur ce point, et je dois ajouter qu'elles ne sont pas tellement exclusives que l'auteur n'ait déjà fait des coulis de chaux hydraulique et de ciment calcaire dans la pose des placages des soubassements exposés à une humidité permanente.

VIII.

Je vais maintenant faire connaître l'impression que j'ai gardée de l'examen attentif auquel je me suis livré sur deux bâtiments dont M. Juteau a restauré, ou plutôt renouvelé, les façades par l'application de son système.

L'auteur a représenté sur la planche VIII de son Atlas la façade en élévation du petit château de Bel-Air (commune d'Ingré), et sur la planche IV celle du château plus important de Villefalliers, auprès de Cléry, sauf de petits changements qui sont sans importance, quant au système; l'Atlas donne aussi la représentation exacte des anciennes façades de ces deux châteaux que l'on peut comparer aux façades restaurées.

Au château de Bel-Air, les deux façades du midi et du nord ont été renouvelées; l'examen de toutes leurs parties n'a fait découvrir aucune disjonction ou dislocation apparente.

Les placages sont intacts et les assemblages ont persisté dans leur intégrité primitive. Ces travaux ont été exécutés en 1859. Ils ont donc résisté aux hivers de 1859 à 1861 sans éprouver de dégradations. Les températures maxima ont atteint plus de 35 degrés et les températures minima se sont abaissées à 10 degrés sous zéro. Ce sont des oscillations assez sensibles, mais qui n'of-

frent rien de bien redoutable, quant aux dilatations et contractions capables de produire des dislocations nuisibles à la stabilité et à la durée des placages.

Au château de Villefalliers, l'aspect et la conservation sont aussi satisfaisants: cependant il s'est produit des effets qui, tout indépendants qu'ils soient du système de placage, rendent une explication nécessaire. En cours d'exécution, il a paru utile ou convenable au propriétaire, de pratiquer dans le mur de face de chacun des deux pavillons annexés au château (voir le dessin n° IV de l'Atlas), à droite et à gauche de la porte d'entrée, deux baies de fenêtre ou meurtrière étroite. Les unes sont de maçonnerie de moellons et de terre, c'est-à-dire de mauvaise qualité: l'ouverture de ces baies a occasionné des tassements qui se sont manifestés par des lézardes sillonnant les murs de face de ces deux pavillons et qui ont pu se communiquer aux angles du château lui-même. Les placages sont restés adhérents aux abords et sur le trajet de ces fissures, et sauf indice de disjonctions et de dislocations des placages, ne vient témoigner que le système ait reçu une atteinte de ces mouvements dangereux qui sont une preuve de la bonne liaison des revêtements au corps de la muraille et de la résistance qu'ils peuvent offrir à une cause généralement irrésistible de la dislocation des placages. Je dis que les placages ont résisté à cet effet dangereux. Et cependant plusieurs panneaux essayés par la percussion du marteau rendaient un son creux sous le choc, preuve évidente du défaut d'adhérence au mur. Mais je n'attribue pas la présence de ces vides à des dislocations résultantes des tassements dont j'ai parlé, attendu que j'en ai constaté quelques-uns qui sont au milieu même de la façade; et certainement les mouvements produits dans les murs de ces deux pavillons ne se sont pas étendus jusque là. Ces vides ne sont que des défauts de main-d'œuvre. Je vais le prouver tout-à-l'heure.

La restauration du château de Villefalliers datede 1838. Quatre hivers rigoureux ont déjà mis cette restauration à l'épreuve. La température qui a varié de + 35 à — 10 degrés centigrades n'a exercé aucune influence appréciable sur ces ouvrages.

En résumé, les châteaux de Bel-Air et de Villefalliers offrent l'aspect le plus satisfaisant, et aucune trace de détérioration des placages n'est apparente, sauf celle de légers accidents qui sont indépendants du système de placage, au château de Villefalliers.

Voilà donc deux des œuvres exécutées par l'auteur, antérieurement à l'année 1861.

IX.

Au cours de la campagne de 1864, l'inventeur a construit à Orléans, rue de la Bretonnerie (Planche XIII de l'Atlas), un bâtiment neuf composé d'un rez-de-chaussée et de deux étages présentant neuf baies de portes et fenêtres en élévation. Le mur de face a été fait sur toute son épaisseur en maçonnerie de moellons. Un placage complet couvrant toute la façade a été appliqué immédiatement après la construction du bâtiment, mais avant que l'intérieur fût terminé. C'était, à mon avis, une grande hardiesse et une imprudence que la foi la plus robuste de l'auteur dans le mérite de son système peut faire à peine excuser. C'était risquer sur un coup de dé l'avenir d'une méthode qui n'est pas précisément destinée à remplir le rôle que l'auteur lui a fait jouer dans cette occasion. C'était s'exposer à subir un échec irrémédiable peut-être, au milieu de la ville et sous les yeux de toute une population. M. Jutteau a réussi, ou du moins l'épreuve qui lui est jusqu'ici favorable confirme cette pensée du poète :

Audaces fortuna juvat !

J'ai suivi avec soin l'exécution du travail et j'en ai été généralement satisfait. Mais il laisse à désirer par les causes particulières que je vais exposer.

Le remplissage des vides ménagés entre le placage et le mur du bâtiment a été fait en plâtre gâché *clair*. L'examen des placages et l'essai au choc du marteau accusent l'existence de cavités non remplies de plâtre liquide. Je me suis assuré, par l'enlèvement des joints léments latéraux des placages des encadrements de la porte et d'une des fenêtres, que ces cavités constatées par la percussion existaient en réalité. Les cavités au reconnues avec moi. Nous avons dit qu'au château de Villefalliers, il existait quelques cavités semblables.

Il est superflu de répéter ce qui a été dit au sujet des dangers que font naître ces imperfections du travail : l'accumulation des eaux, la gelée, le défaut d'adhérence du placage au mur sont des causes manifestes de détériorations ultérieures.

L'auteur a voulu expliquer l'existence de ces cavités par le gonflement du plâtre qui aurait été gâché *trop serré* : si cette opinion était fondée, elle confirmerait les craintes que j'ai exprimées précédemment. Mais l'auteur se trompe sur la cause de l'existence des cavités que nous avons examinées ensemble en enlevant le jointoiement du placage dans les tableaux des deux baies. La

forme et l'étendue de ces cavités excluent l'idée d'une action expansive du plâtre sur ces deux points. C'est tout simplement une malfaçon analogue à toutes les malfaçons commises par les ouvriers qui n'apportent à leur ouvrage, ni l'intelligence, ni la conscience, ni le soin nécessaires. C'est un vice de main-d'œuvre de la nature de ceux que l'on rencontre dans l'opération du *fichage* des pierres de taille d'appareil, soit par l'emploi du mortier à la fiche, soit par l'emploi du mortier en coulis. Soulevez une assise d'appareil après la pose, et souvent vous trouverez des cavités dans les lits de pose et dans les joints latéraux. Ces cavités résultent quelquefois du défaut de soin, mais quelquefois aussi de la trop forte consistance du mortier ou du coulis, dont l'adhérence aux parois s'oppose à une égale et complète stratification.

Dans le coulis de plâtre, les mêmes inconvénients sont à craindre, avec cette différence qu'ils sont bien nettement redoutables. Pour peu que le plâtre soit gâché *serré*, il perd sa fluidité, d'autant plus vite que les parois de la cavité favorisent la prise et le figent, en quelque sorte, avant d'avoir rempli le vide dans lequel il est introduit.

X.

Je pense, en résumé, pour ce qui tient à la main-d'œuvre d'application de la méthode de M. Jutteau, que l'auteur doit introduire dans la pratique les modifications ou améliorations suivantes :

Emploi de tous les calcaires non gélifs, mais suffisamment compactes, homogènes et tendres pour supporter le sciage, le taillage, le forage, la sculpture. Les calcaires des soubassements devront être, particulièrement, inattaquables par la gelée.

Scellements des placages avec les trois systèmes qu'il emploie : rainures et languettes, crampons, coulis.

Les rainures et languettes seront exécutées sur toutes les tranches des panneaux : les languettes en haut, les rainures en bas, de chaque panneau.

Les crampons de fer galvanisé ou de cuivre seront très-multipliés : il en faut un à chaque panneau.

L'emploi des coulis de plâtre n'est pas sans inconvénients ni dangers : la substitution de la chaux hydraulique ou du ciment calcaire (appelé improprement en France ciment romain, et désigné en Angleterre par les noms de Parker et de ciment de Port-

land) me paraît devoir être essayée dans les placages d'élévation, comme l'auteur l'a fait pour les soubassements. Le coulis de chaux hydraulique, avec ou sans mélange de sable fin, fera prise plus lentement que le coulis de plâtre ; mais il présente cet avantage de durcir de plus en plus, sans subir d'altération par l'humidité. Si le coulis de chaux hydraulique est sujet à l'inconvénient opposé à celui du plâtre ; s'il se gerce en durcissant, par un effet de contraction sans importance, eu égard à la faible épaisseur du coulis, l'inconvénient qui en résulte est beaucoup moindre que les défauts du plâtre ; le gonflement et le ramollissement.

Les ciments calcaires seraient peut-être plus avantageux que la chaux hydraulique, parce que le retrait sera moindre, et que la cohésion et l'adhérence seront beaucoup plus rapides et plus énergiques que celles de la chaux.

Il entre si peu de matière dans ces coulis, que l'accroissement de dépense sera vraiment insensible.

Le succès et l'extension du système dépendent essentiellement de la main-d'œuvre : c'est le point capital. L'auteur doit donc faire tous ses efforts pour que son idée ne succombe pas sous les objections que le défaut de soin dans l'exécution du travail ne manqueraient pas de soulever et que la pratique encore imparfaite de la méthode a fait reconnaître.

XI.

Nous pensons, en dernière analyse, que le système de décoration proposé et appliqué déjà avec succès, depuis quatre années, par M. Jutteau, aux façades de quelques bâtiments particuliers dans l'Orléanais, pourrait être étendu à des bâtiments et à des édifices de plus grande importance. L'avantage que procure cette méthode de ne pas gêner le propriétaire ou le locataire du bâtiment pendant la durée des travaux de décoration est d'un grand prix pour les maisons de campagne et pour les maisons de ville.

L'architecte peut approprier et plier son système de décoration aux dimensions de la façade et aux baies des portes et fenêtres, qu'elles qu'en soit les dispositions et dimensions, et varier pour ainsi dire, à l'infini, les combinaisons des lignes, de manière à réaliser tous les effets qu'il se proposera d'obtenir. Si le propriétaire y consent, l'architecte supprimera quelques baies de fenêtres, déplacera celles-ci, formera celles-là, agrandira ou rétrécira les baies de portes pour donner à la façade une forme plus régulière. Mais ce n'est point, hâtons-nous de le répéter, une nécessité absolument inhérente à la méthode, et l'architecte, s'il a le sentiment de son art, ne sera jamais embarrassé pour orner une façade percée de baies irrégulières. Les édifices du moyen-âge nous offrent une infinie variété de façades décorées avec une élégance et une originalité que nous regardons comme caractéristiques d'un art qui puise les conditions de sa vie propre dans un autre milieu que le *métier* vulgaire dont les lignes droites, l'égalité des dimensions des baies, leur symétrique et régulière distribution sur des horizons d'un inflexible niveau forment, en quelque sorte, un thème immuable à variations lourdes, massives et communes qui sont une perpétuelle négation de l'art.

Si l'auteur de la méthode des placages se pénètre bien de la nécessité de ne choisir ses matériaux que parmi ceux qui possèdent les qualités indispensables à la durée, au taillage, à la sculpture; s'il unit ses panneaux au mur de la façade, par l'emploi *simultané* des trois moyens qu'il indique : les rainures et languettes, les crampons de cuivre ou de fer galvanisé, et le coulis de chaux hydraulique ou de ciment calcaire de préférence au coulis de plâtre; s'il a le soin de piquer la surface du panneau du côté du mur, de la aérer fortement pour faciliter et augmenter l'adhérence du coulis et la stabilité du placage; s'il prend toutes les mesures propres à assurer le remplissage exact et sans vides ni cavités de l'intervalle qu'il ménage entre le placage et le mur; si les crampons sont solidement fixés et scellés d'une manière invariable; si enfin chaque panneau de façade est régulièrement rattaché au mur par un crampon; enfin si les angles du bâtiment sont l'objet de soins proportionnés aux plus grandes probabilités de dislocation qui les menacent, la méthode de décoration des façades par le *placage en pierres naturelles* pourra figurer dans un rang distingué parmi les inventions utiles.

A la vérité, l'on nous dira que l'art pur est étranger à cette invention qui ne doit, tout au plus, aspirer qu'à prendre place dans la catégorie des procédés industriels. Dans une combinaison architecturale, le but de l'artiste ne consiste pas seulement à décorer la façade; il doit satisfaire à d'autres conditions; cela est vrai. — L'on pourra même, en exagérant le côté purement utilitaire, comparer le système de placage aux procédés frivoles des personnes s'attachant avec un soin permanent à dissimuler les outrages du temps sous des artifices transparents qui ne trompent que celles qui les empruntent. On pourra dire qu'un bâti-

ment restauré par le procédé de placage n'est, après tout, que l'image de l'homme qui dissimule sa tête chauve sous les cheveux de son voisin, ou l'emblème de la femme qui se plâtronne sur toutes les faces pour reproduire des formes absentes. Oui, sans doute, le reproche peut avoir, en apparence, quelque raison : cependant l'assimilation ne serait pas absolument vraie, et, dans tous les cas, je le disais plus haut, il importe de ne rien exagérer. pas même les comparaisons, quelque spécieux que soit le point de vue auquel la critique se place pour attaquer un système dont, en définitive, on ne peut nier le mérite réel et les avantages évidents. La méthode de décoration par le procédé de placage des façades est à la fois artistique et utilitaire : elle donne satisfaction à des besoins multiples sans dépenses exagérées. Elle est donc digne des encouragements de la Société, et nous avons la conviction que, sous le bénéfice des perfectionnements de détail que nous avons indiqués, de ceux que la pratique conseillera, et de la sanction du temps, ce procédé nouveau fera son chemin.

LÉGENDE.

P — Panneaux de placage en pierre naturelle.

A — Crampon dans la pierre pleine du vieux mur (moellons ou pierres de taille m. m).

B — Crampon dans un joint d'assises du vieux mur.

   Ces crampons ont un écartissage de 3 sur 15 millimètres. Le diamètre du goujon b = 4 millim.; sa longueur = 10 millimètres.

C — Profil de la rainure et de la languette de panneau.

D — Coulis de plâtre, de chaux hydraulique ou de ciment calcaire introduit entre le placage et le mur.

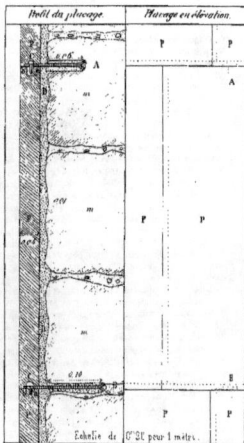

Placage en pierres naturelles

Profil du placage — Placage en élévation

Echelle de 0m25 pour 1 mètre.

RAPPORT SUR LE SYSTÈME DE PLACAGE EN PIERRES NATURELLES DE M. JUTTEAU, ARCHITECTE A ORLÉANS,

PRÉSENTÉ PAR M. G. DE MONVEL, A LA SOCIÉTÉ D'AGRICULTURE, SCIENCES, BELLES-LETTRES & ARTS D'ORLÉANS, DANS LA SÉANCE DU 21 JUIN 1861.

Les plus belles comme les plus utiles applications que puissent recevoir les arts industriels sont sans contredit celles qui, sans créer des appétits de luxe déplacés, ont pour résultat d'initier les classes pauvres et les classes moyennes de la société à ces habitudes d'ordre, de propreté, d'heureuse et commode disposition des choses que nos voisins d'outre-mer ont exprimé par un seul mot : le *comfort*. L'ouvrier qui, le premier, a eu l'idée d'appliquer aux meubles communs les procédés si ingénieux, mais aussi si dispendieux de Boule et de substituer par grandes feuilles nos bois indigènes aux bois presque toujours exotiques que le grand artiste que nous venons de nommer émiettait pour composer ses charmantes mosaïques, cet ouvrier, tout en dirigeant la scie allemande et en appliquant la colle forte, a été, à son insu, éminemment moralisateur et civilisateur, et les ménages qu'il a pourvus d'une commode, qui n'usurpât pas son nom, d'un secrétaire pouvant renfermer, avec les économies de chaque jour, le modeste registre de comptes, les lettres et les conseils de la mère ou du frère absent, d'un lit trop propret et trop toisant pour qu'on en laissât disparaître les belles nuances sous la poussière, ces ménages sont devenus insensiblement de meilleurs ménages.

On ne casse pas, on ne mutile pas, on ne souille pas de vin ou de taches des meubles qui ont si bonne façon, et peu à peu la propreté et l'esprit d'arrangement se glissant dans la maison, l'ordre, le bon emploi du temps, les égards réciproques sont venus à leur suite. Et maintenant l'ange du foyer se complaît dans cette retraite où tout respire l'ordre, la bonne entente et les chastes amours. *Invenit eam aspici mundam et ornatam.* L'essentiel est de s'arrêter là et de ne pas ambitionner les crépines et le velours là où la perse sied si bien.

Ce que cet ouvrier a fait pour le meuble, un architecte de notre ville, M. A. Jutteau, que recommandent de nombreux travaux, tous portant le cachet de leur spécialité, le tente pour le bâtiment, et le profitera-t-il pas au propriétaire. L'effet moral sera-t-il le même ? Pourquoi pas. Si l'habit ne fait pas le moine, il lui impose des conditions de décence et de retenue, ou tout au moins il l'honore, comme on dit communément, et une belle pelure de pierre ne peut être que bien accueillie de notre

siècle, qui semble avoir pris au rebours la belle et vieille maxime : Il faut mieux être que paraître.

Mais laissons de côté la question morale, dont M. Jutteau ne s'est peut-être pas préoccupé et, n'envisageons que la question d'utilité et d'art.

L'utilité est incontestable, et les efforts pour mettre à l'abri de l'injure des âges l'extérieur des bâtiments remontent, il faut le reconnaître, aux premiers essais de l'architectonique. Il faut reconnaître aussi que ces efforts ont été jusqu'ici tellement infructueux, qu'on en est généralement arrivé à confesser que la seule méthode sûre pour rajeunir un vieil édifice était de le jeter à terre pour en construire un autre. Jusqu'à ce qu'on en vienne là on a bien la ressource des crépis qui durent peu, de la peinture que le goût français semble jusqu'ici repousser, du rebouchage qui désagrège sinon l'ensemble de la construction, au moins l'harmonie des teintes, puis lorsque tous ces palliatifs se sont succédé et qu'on fait l'addition des dépenses, on reconnaît qu'on n'aura un résultat complet qu'en recourant au *remède héroïque* de la reconstruction, sauf à inscrire à l'article *pertes* tout l'argent gaspillé dans des replâtrages inefficaces.

Tout autre est le procédé de M. Jutteau. Son travail est tout d'une pièce, c'est un travail parfaitement uniforme, compliqué ou simple, luxueux ou modeste, dont vous déterminez l'épaisseur à votre goût et dont il va couvrir notre nudité et nos plaies. Tissu en quelque sorte de pierres choisies au même lit de carrière, ayant subi au chantier la même série d'épreuves, et ajustées dans un système de languettes qui les rend solidaires les unes des autres, ce manteau durera ce que doit durer une pierre d'élite de quelques centimètres d'épaisseur, c'est-à-dire des siècles.

La comparaison que nous faisions au début est donc juste, et les procédés de M. Jutteau sont exactement les procédés de l'ébénisterie appliqués à la pierre ou au marbre, et de même qu'à l'ébéniste il faut un point d'appui solide, fourni par une carcasse en bois grossier, mais solidement ajusté, pour recevoir ses précieuses arabesques, de même il faut à M. Jutteau un support consistant, quelque rustiques qu'en soient les matériaux. Il s'empresse de le dire lui-même :

« Qu'il soit bien compris que nous n'avons jamais entendu
« consolider l'état de choses sur lequel nous appliquons nos pla-
« cages... Ces placages ne sont pas une construction ayant
« quelque chose à supporter ou à garantir, mais bien un genre
« d'ornementation assez solide pour se soutenir lui-même. »

Cette franche déclaration suffirait pour exclure toute idée de charlatanisme, quand même M. Jutteau ne serait pas connu de nous comme il l'est par ses œuvres, qui lui valent en ce moment l'honneur d'être chargé des études pour la reconstruction de l'église de St-Paterne. Mais les conséquences de ce principe sont immenses, non-seulement au point de vue des bâtisses anciennes, mais surtout à celui des constructions à effectuer. Ainsi qu'on fournisse à M. Jutteau un corps de maçonnerie quelconque, pourvu que la carcasse soit solide et d'aplomb, il y appliquera telle ornementation qu'on jugera convenable, et à son tour cette ornementation deviendra une cuirasse imprénétrable qui mettra la carcasse à l'abri des dégradations auxquelles semblait la vouer son défaut de poli. Ici l'ornement sera certainement un moyen conservateur. C'est tout-à-fait l'*utile dulci*.

Il suffit d'indiquer ce résultat pour qu'il soit compris, et pour qu'on puisse apprécier l'économie que cela doit amener en général dans toute construction nouvelle, mais aussi il faut reconnaître que ce système, à raison même de son économie évidente, rencontrera peu de partisans parmi les industriels qui vivent de l'art du bâtiment et qui l'exploitent comme on sait exploiter aujourd'hui. Raison de plus pour que l'inventeur trouve dans les sociétés savantes l'intérêt et l'appui qu'elles doivent à toute invention précieuse pour le public et nuisible seulement à quelques intérêts particuliers.

S'il est facile d'apprécier les résultats qui, au point de vue de l'économie et du système, peuvent jaillir de cette découverte pour les constructions nouvelles qui s'effectueront dans les pays où la pierre est rare, il n'est pas moins aisé d'en voir les conséquences pour les restaurations des vieux bâtiments et surtout des édifices publics.

Mettons-nous, par exemple, sous les yeux, par la pensée, notre vaste Préfecture, si commodément distribuée pour les divers services départementaux, et demandons-nous ce qu'elle gagnerait à dissimuler sous un manteau un peu plus riche et plus mondain le triste cachet monacal que lui ont imprimé ses premiers hôtes les Bénédictins. Calculons aussi que ce changement d'habit pourrait se faire sans la moindre interruption dans le labeur quotidien, car (et ce n'est pas là un des moindres avantages de l'ingénieux système de M. Jutteau) toutes les pièces du nouveau vêtement se taillent, s'agencent, nous allions dire se cousent au chantier, la pose seule se fait sur les lieux, sans bruit, sans dégradation, et on n'interromprait pas plus la marche des rouages administratifs que nous-même nous ne suspendons nos chères études et nos rêveries plus chères encore, lorsque, de lustre en lustre, nous nous permettons d'essayer un habit neuf. Or, ceci est un point capital. Une préfecture est le cœur d'un département et il ne faut pas que jamais ce cœur cesse de battre.

Reste maintenant à examiner une question qu'on doit appeler prédominante, la question de solidité du nouvel appareil. Il se pourrait en effet qu'après avoir dissimulé quelques instants nos misères et nos vieux crépis sous une parure plus ou moins somptueuse, il survînt un de ces hivers de nos climats, où les alternatives de gelée et de dégel fendent les pierres les plus solides en apparence, et alors, au premier souffle un peu âpre de la bise :

« Le masque tombe, l'homme reste et le héros s'évanouit. »

M. Jutteau a prévu l'objection, et il garantit la durée de ses placages :

1° Par le choix de la pierre non gélive et ayant rejeté son eau de carrière ;

2° Par la solidité de l'appareil, en établissant, au moyen de son système d'assemblage, une communauté de soutènement ;

3° Par le scellement avec du plâtre faiblement gâché ;

4° Par l'emploi de crampons en cuivre ou en fer galvanisé, soulageant ses crampons principaux en pierre massive, et constituant en quelque sorte un excès de précaution que la commission considère comme une partie essentielle du système ;

5° Par l'inclinaison qu'il donne à ses ornements de faîte, par les insertions bien ménagées de ses languettes, à l'aide desquelles il combat les infiltrations, principale cause de détérioration.

Au moyen de ces procédés d'exécution, M. Jutteau ne met sans crainte sous le coup de l'article 1792 du Code Napoléon, en donnant dix années de garantie pour ses placages, comme il l'a fait jusqu'ici pour tous ses nombreux travaux.

Ce langage n'est pas, Messieurs, celui d'un homme léger. Celui-ci aurait garanti une durée indéfinie. Mais M. Jutteau est avant tout homme de pratique et d'expérience, et il sait fort bien, qu'abandonnées à elles-mêmes, les constructions les plus parfaites céderont infailliblement sous l'action dissolvante et continue de notre climat et du temps. Que nous n'apportions aucune surveillance à notre bâtiment, que l'œil du maître n'en vienne jamais interroger ni les faîtages, ni les points d'insertion au vieux mur de soutènement, il garantit son œuvre inattaquable, incorruptible :

Quod non imber edax, non aquilo impotens
Possint diruere...

Mais pour dix ans, pour dix ans seulement. Mais maintenant montrons-nous ce que doit être tout propriétaire intelligent et soigneux de sa chose, et il ajoutera aussitôt :

« Nous entendons garantir indéfiniment la durée de nos revêtements, si l'on a soin d'entretenir les joints des parties en saillie, ce qui est une dépense insignifiante, ou de couvrir les saillies par des bandes en zinc, ainsi que cela se fait dans les constructions ordinaires. »

Tel est, Messieurs, le simple et modeste programme de M. Jutteau. Mais tout simple qu'il est, c'est un programme, c'est-à-dire une chose à laquelle il ne faut accorder foi qu'après un mûr et consciencieux examen.

C'est pour cet examen que vous avez délégué une commission composée de M. de Longalerie, directeur du Musée, président de votre section des arts, et de MM. Machart et Collin, ingénieurs en chef, enfin de moi, qui, dans une question aussi pratique, n'étais bon qu'à tenir la plume.

M. A. Jutteau s'est présenté à plusieurs reprises devant la commission. Il a donné les explications les plus satisfaisantes sur son système d'attache dont l'élément important est un fort crampon en pierre massive qui tend à assurer la solidité de l'ensemble et qui est solidement encastré dans le mur de soutènement. Les différentes pièces de placage sont rendues solidaires les unes des autres par des languettes qui s'ajustent et se consolident réciproquement. Tous les points en saillie reçoivent par la taille une inclinaison qui ne permet pas à l'eau d'y séjourner. Enfin le tout forme un assemblage tel que chaque morceau ne peut manquer séparément, et que quand bien même ils viendraient à se desceller tous, ils seraient encore retenus par la combinaison des joints.

La commission a compris et apprécié ces explications, mais voulant, pour s'édifier plus entièrement, vérifier dans la pratique et sur place les résultats matériels d'exécution du système de M. Jutteau, ses membres les plus compétents, MM. Machart et Collin, se sont transportés à Ingré pour y juger par leurs yeux de l'effet de l'exécution sur le château de Bel-Air, représenté dans l'Album de M. Jutteau, pl. VII. Cette visite a constaté les résultats les plus satisfaisants, et M. Collin me transmettait quelques jours après la lettre suivante :

Monsieur,

Vous m'avez fait l'honneur de m'écrire le ... du mois dernier, au sujet de la visite que j'ai faite, en compagnie de MM. Grassi et Machart, à la maison d'Ingré, à laquelle M. Jutteau a appliqué son système de revêtement en placage. J'avais commencé, pour répondre à votre demande, la rédaction d'une notice qui n'a paru devoir prendre des proportions inattendues. Je me suis arrêté, car cette notice n'eût pas répondu à votre but qui était, je crois, de connaître simplement l'impression que mes collègues et moi avons éprouvée à l'examen du travail de M. Jutteau.

A priori, cette impression a été très-favorable : il nous a semblé que le système adopté s'avait reçu des deux hivers précédents aucune injure sensible et que les façades du bâtiment étaient, en réalité, telles que M. Jutteau a décrites et représentées dans son atlas d'architecture.

Mais il y aurait plus d'une observation et quelques réserves à faire quant au mode d'exécution et aux détails. C'est cette partie de la question que je m'étais proposé d'examiner dans la notice que j'ai commencée et que j'ai l'intention de la reprendre ultérieurement, quand l'œuvre que visiter d'autres bâtiments restaurés par ce système, et surtout le travail en cours d'exécution.

Je pense, Monsieur, que la présente déclaration répond à votre demande et qu'elle vous permettra de rendre compte à la Société du travail très-intéressant et très-curieux de M. Jutteau.

Agréez, Monsieur, etc.

COLLIN.

13 mai 1861.

Nous sommes donc convaincus, Messieurs, qu'après un tel témoignage, tout en regrettant qu'un plus grand nombre d'années n'ait pas pesé sur l'épreuve pour lui donner la sanction du temps, vous n'hésiterez pas à prêter l'appui de la recommandation la plus approbative à un système ingénieux qui n'est pas précisément une découverte, car il y a longtemps que, pour la première fois, on a essayé de remédier aux outrages du temps par des incrustations de pierre naturelle ou artificielle. Mais l'application faite par M. Jutteau des procédés de l'ébénisterie à la bâtisse, a toute la simplicité et tous les résultats sérieux et efficaces des grandes découvertes. Comme elles, elle ne manquera pas de soulever bien des petites passions d'intérêt, et c'est un motif de plus pour que, en mentionnant dans le recueil de vos travaux le mémoire de M. Jutteau, vous l'honoriez de votre suffrage à la fois éclairé et désintéressé.

LETTRES ADRESSÉES A M. JUTTEAU, ARCHITECTE A ORLÉANS, SUR SON SYSTÈME DE PLACAGE EN PIERRES NATURELLES.

APPRÉCIATION DE M. E. FLACHAT, OFFICIER DE LA LÉGION-D'HONNEUR, ETC., INGÉNIEUR EN CHEF, CONSEIL DES CHEMINS DE FER DE L'OUEST ET DU MIDI.

21 août 1861.

Monsieur Demoud, à Orléans,

Je regrette infiniment, Monsieur, de n'avoir pu vous voir à Asnières. Je viens de recevoir la lettre de votre fils qui m'apprend que M. Jutteau a l'intention de présenter les études de restauration de la Préfecture, au conseil général. Il me demande mon appréciation sur le système de substitution des matériaux en parement dont il est l'inventeur.

Je ne puis que vous répéter ce que je vous ai dit après avoir examiné les projets et travaux de M. Jutteau et en avoir causé avec lui. Je crois que ce système doit être très-sérieusement encouragé, qu'il doit surtout être appliqué aux édifices dont la grande construction est en bon état et ne pourrait avoir à souffrir par tassement ou par déformation quelconque de la substitution autour des bahuts et dans le parement de matériaux auxquels une certaine épaisseur est nécessaire pour assurer leur propre solidité. Presque toutes les anciennes constructions sont dans ce cas, les murs ayant un excédant d'épaisseur qui permet les retaillements nécessaires pour amorcer un nouveau parement dans les conditions de solidité d'une première construction.

Mais, il faut bien le dire, ce travail exige le plus grand soin, non pas qu'il soit difficile, les mortiers et ciments sont aujourd'hui de si bonne qualité ; le travail de la pierre est si bien entendu que je ne fais nul doute que le système de M. Jutteau ne puisse constituer une maçonnerie très-homogène ; je le répète, le plus grand soin est nécessaire, et plus la saillie de l'ornementation sera grande, plus il faut que le retaillement soit profond. Si dans ce pareil placage, le joint entre l'ancienne et la nouvelle maçonnerie n'avait pas une adhérence absolue ; si l'eau pouvait s'y introduire, des gelées successives pourraient faire avancer la pierre de quelques millimètres dans un seul hiver. Il est extrêmement facile d'éviter cela. C'est ce qu'il ne faut laisser aucune illusion sur le danger qu'on parvient à le rendre très-sûr.

Recevez, cher Monsieur, l'expression de mes sentiments distingués,

Eugène Flachat.

APPRÉCIATION DE M. E. TRÉLAT, CHEVALIER DE LA LÉGION-D'HONNEUR, ARCHITECTE, PROFESSEUR AU CONSERVATOIRE DES ARTS-ET-MÉTIERS.

Paris, le 23 août 1861.

Monsieur,

J'ai reçu la visite de M. Demoud, votre parent, qui m'a demandé si je ne pourrais vous faire connaître, avant le rapport que je suis chargé de faire à la Société d'Encouragement, la valeur que j'attache un procédé de revêtement en pierre, dont vous êtes l'auteur.

Je n'ai aucun empêchement, Monsieur, à vous communiquer dès maintenant une appréciation à laquelle vous paraissez attacher une importance actuelle dans l'intérêt des applications que vous poursuivez.

Je ne saurais entrer ici dans l'examen des résultats artistiques auxquels vous croyez appelé votre procédé. Je ne pense pas, en général, qu'il soit désirable de rechercher, pour l'architecture, cet art qui doit avant tout trouver son caractère, son intérêt, son expression, dans l'accentuation des données réelles de la destination ou de la construction de l'édifice ; je ne pense pas qu'il soit désirable de mettre à la portée de l'artiste un procédé dont le mérite serait de cacher aux yeux et à l'esprit ce qu'il y a de plus saisyant dans tout l'édifice, la manifestation extérieure de ses distributions et de ses éléments constitutifs. A ce point de vue, je resterai loin de l'appréciation première que vous m'avez fait connaître. Mais je rends toute justice à votre idée et je reconnais tout le mérite de vos arguments, tout l'avantage de vos combinaisons si elles sont mises à la disposition d'un art qui recouvre, en respectant leurs formes constitutives les parties des monuments qui ont besoin d'être protégées par des matériaux, qui pourront avoir été choisis avec d'autant plus de soin qu'ils auront été plus judicieusement réduits en quantité. Sous ce rapport, je le répète ici, votre procédé me paraît mériter des encouragements sérieux et je me plais à vous adresser le mien à votre premier appel.

Recevez, Monsieur, l'assurance de ma considération très-distinguée,

Signé : **Emile Trélat.**

LETTRE DE M. LE PROVOST DE LAUNAY, OFFICIER DE LA LÉGION-D'HONNEUR, ETC. PRÉFET DU LOIRET.

Orléans, le 31 janvier 1861.

Monsieur,

Je reçois l'album d'architecture que vous m'avez fait l'honneur de m'offrir, et je m'empresse de vous adresser tous mes remercîments.

J'ai vu plusieurs des constructions auxquelles a été appliqué votre système de placage, et j'ai pu par conséquent en apprécier le mérite et les avantages.

Veuillez agréer, Monsieur, l'assurance de ma considération la plus distinguée,

Le Préfet du Loiret,

Le Provost de Launay.

APPRÉCIATION DE M. P. DUBAN, OFFICIER DE LA LÉGION-D'HONNEUR, MEMBRE DE L'INSTITUT, ARCHITECTE DES BEAUX-ARTS.

Paris, le 25 février 1862.

Monsieur,

Vous avez semblé attacher quelque prix à l'opinion que je pourrais avoir sur le système de revêtement en dalles de pierre que vous proposez d'appliquer aux constructions de briques ou de moellons.

Je n'ai pas eu l'avantage de voir les applications que vous avez réalisées par ce mode. Je ne puis donc en parler qu'au point de vue théorique.

D'après les explications que vous m'avez données, je ne puis accorder à votre système qu'une approbation en quelque sorte relative. Ainsi, toute construction nouvelle, soit de briques, soit de moellons, ne me semble pas pouvoir admettre cette application de dalles rigides et rebelles au tassement que doivent inévitablement subir les matériaux de petites dimensions auxquels elles seraient appliquées. D'ailleurs, en théorie architecturale ces artifices ne semblent pas devoir être admis.

Le cas où votre système peut être, à mon avis, utilement employé, c'est celui où, comme dans votre Orléanais et dans d'autres provinces, peut-être en Angleterre, d'anciennes constructions en briques demanderaient à être en quelque sorte rajeunies pour ne pas rester au-dessous de l'apparence extérieure des constructions de nos jours. Dans ce cas seulement, cet artifice pourrait trouver sa justification, et, habilement mis en œuvre, donner au mode que vous proposez un succès que je vous souhaite très-sincèrement.

Agréez, Monsieur, mes salutations empressées.

Félix Duban.

LETTRE DE M. E. VIGNAT, CHEVALIER DE LA LÉGION-D'HONNEUR, MAIRE DE LA VILLE D'ORLÉANS, CONSEILLER GÉNÉRAL, A M. JUTTEAU, ARCHITECTE.

Orléans, le 28 février 1862.

Monsieur,

Je m'empresse et je suis heureux de vous répéter que j'ai suivi avec un vif intérêt vos constructions et restaurations de maisons en placages. Ce que j'ai vu, et ce que m'ont dit les hommes les plus compétents, me donne la plus grande confiance dans votre invention, et m'inspire au moment où nous toisons me permettront de vous charger de l'ornementation, d'après votre système, du château de la Salle, qui m'appartient.

C'est là, Monsieur, la meilleure preuve du cas que je fais de votre nouveau procédé que j'ai vu employé ici et dans nos environs avec le plus grand succès.

Vous avez réussi à donner aux habitations un caractère architectural des plus satisfaisants, tout en ménageant les finances des propriétaires, et je vous félicite d'être parvenu à concilier les exigences de l'économie avec celles de l'art.

Les ingénieurs, dans lesquels j'ai la plus grande confiance, croient à la solidité de vos constructions, et cette certitude vous fait le plus grand honneur.

Je vous souhaite, Monsieur, le succès que vous méritez, et je vous renouvelle l'assurance de mes sentiments les plus distingués.

E. Vignat.

APPRÉCIATION DE M. GRENET, CHEVALIER DE LA LÉGION-D'HONNEUR, INGÉNIEUR EN CHEF DES PONTS-ET-CHAUSSÉES.

Orléans, le 9 mars 1862.

L'ingénieur en chef du département du Loiret à M. JUTTEAU, architecte à Orléans.

Monsieur,

J'ai lu avec un vif intérêt l'excellent mémoire que M. Collin, mon collègue, a présenté le 7 février dernier à la Société d'agriculture, des Sciences, Belles-Lettres et Arts d'Orléans, sur le système de placage en pierres naturelles que vous avez inventé.

J'ai visité le château de Bel-Air (commune d'Ingré) dont, grâce à ce système, vous avez si ingénieusement restauré la façade; et j'ai suivi également avec intérêt les travaux de la maison que vous venez de reconstruire à Orléans, rue Bannier, n° 33, en appliquant sur le mur de face exécuté en moellons, un placage qui vous a permis de lui donner un aspect plein d'élégance.

Je partage complétement les idées de M. Collin sur les divers mérites de votre invention, et sur ses chances d'avenir; mais, comme lui aussi, je crois que vous ne sauriez apporter trop de soins dans les détails d'exécution.

Votre placage est, à proprement parler, de la menuiserie en pierres de taille, et il importe, pour sa stabilité et sa durée, qu'il soit exécuté avec tout autant de soin que le menuiserie en bois. Il faut que les rainures et languettes ne présentent aucune discontinuité, aucun défaut.

Pour obtenir une solidarité complète entre le placage et la maçonnerie du mur, il est indispensable que la liaison soit opérée par de nombreux crampons scellés avec soin, et aussi que le coulis destiné à remplir les vides soit composé de matières qui, comme la chaux hydraulique ou le ciment calcaire, durcissent avec le temps, et non pas formé avec une substance comme le plâtre qui perd chaque année de sa cohésion.

Ce sont là, du reste des détails sur lesquels il suffit d'appeler votre attention, et je me plais à croire qu'avec des matières toujours bien choisies et avec des ouvriers soigneux et exercés, vous saurez obtenir de votre système de placage en pierres naturelles les meilleurs résultats, et en vulgariser l'application.

Veuillez agréer, Monsieur, la nouvelle assurance de ma considération la plus distinguée.

Grenet.

APPRÉCIATION DE M. MACHART, CHEVALIER DE LA LÉGION-D'HONNEUR, INGÉNIEUR EN CHEF DES PONTS-ET-CHAUSSÉES.

Orléans, le 7 avril 1862.

L'Ingénieur en chef du service spécial de la Sologne, à M. Juteau, architecte.

Monsieur,

J'ai beaucoup regretté que les exigences d'un service fort chargé m'aient fait tarder aussi longtemps à vous retourner les documents relatifs à votre système de placage en pierres naturelles et à vous exprimer à ce sujet une opinion à laquelle vous voulez bien attacher quelque prix.

Il y a dans l'application de ce système deux questions à considérer : la décoration et la solidité. Du même que mes collègues, MM. Collin et Gronet, je crois pouvoir dire que la première est résolue de la manière la plus satisfaisante et la plus heureuse. La visite que nous avons faite ensemble au petit château de Bel-Air ne nous a laissé aucun doute sur la complète réalisation à cet égard des promesses de votre Album.

Quant à la solidité, vous avez, Monsieur, cet avantage que les objections que l'on peut vous faire ne sont que des objections de théorie, puisque l'expérience n'a jusqu'ici démenti sur aucun point vos prévisions. Dans le rapport qu'il a adressé à votre Société des Arts, M. Collin me paraît avoir analysé, sans en omettre aucune, toutes les causes de destruction qu'il serait possible de prévoir, et il n'en est pas contre lesquelles il n'ait pu indiquer le préservatif.

Je ne puis qu'adopter ses conclusions et me réunir à l'opinion favorable qu'il exprime sur l'avenir de votre système, pourvu que l'application n'en soit confiée qu'à des ouvriers soigneux, sous la direction d'hommes qui y voient ce qui s'y trouve en effet, c'est-à-dire une véritable œuvre d'art.

Veuillez agréer, Monsieur, l'assurance de ma considération la plus distinguée.

Signé : **Machart.**

APPRÉCIATION DE M. BAUDIN, INGÉNIEUR DES PONTS-ET-CHAUSSÉES, SECRÉTAIRE DE LA COMMISSION DÉPARTEMENTALE DU LOIRET POUR L'EXPOSITION DE LONDRES.

Orléans, le 15 avril 1862.

Monsieur,

J'ai visité au mois de novembre dernier le château de Villefalliers (Loiret), dont la façade a été restaurée en 1860 par M. Juteau, d'après son système de placage en pierre dure.

L'architecte a transformé de la manière la plus heureuse l'aspect de l'ancien édifice, et en croisant, à première vue, que le pierre de taille n'a pas été ménagée dans la restauration de la façade. Les placages au moyen desquels M. Juteau a obtenu les saillies des pilastres et des encadrements qui n'existaient pas dans l'ancienne construction, sont dans un état de conservation qui témoigne à la fois des avantages de son système et des soins apportés dans l'exécution. S'il s'est manifesté sur quelques points des tassements produits par des bains couverts après coup dans d'anciennes maçonneries, il est jusqu'à de

reconnaître que le système de placage est complètement étranger à ces accidents et qu'il ne paraît pas en reste en avoir souffert.

J'ai eu également occasion de voir à Orléans, rue de la Bretonnerie, une maison construite pendant l'année 1861, à la décoration de laquelle a été appliqué le même système. Tout m'a paru bien combiné et bien exécuté. Mais je n'ai pu dissimuler à M. Juteau qu'il y avait à mes yeux quelques dangers pour le placage à le hasarder sur une construction neuve et sujette par conséquent à des tassements plus ou moins considérables.

En résumé, je crois que le système de placage de M. Juteau, exécuté dans de bonnes conditions, peut être utilement appliqué sur des maçonneries bien assises et dans des localités où le prix élevé de la pierre de taille fait obstacle à ce que les façades des bâtiments soient convenablement décorées.

L'Ingénieur des Ponts-et-Chaussées.

Signé : **Baudin.**

LETTRE DE M. DAUDIER, PRÉSIDENT DE LA CHAMBRE DE COMMERCE, PRÉSIDENT DE LA COMMISSION DÉPARTEMENTALE DU LOIRET POUR L'EXPOSITION DE LONDRES, etc., etc.

Orléans, le 14 avril 1862.

Monsieur,

Vous me demandez ce que je pense du château de la Canude, restauré par votre système de placage.

Ce château touche à ma propriété de Sologne ; j'ai été à même de le voir souvent avant sa restauration, il était tel que le reproduit votre Album : une vieille et laide construction sans aucun caractère ; vous en avez fait, par l'application de votre placage, un château des plus élégants de nos localités, ayant aujourd'hui un véritable cachet architectural, et cela sans aucune démolition ni dérangements pour le propriétaire.

J'ai vu aussi la chapelle dudit château, faite également en placage, ainsi que la maison du même propriétaire, située à Orléans, rue Bretonnerie, et à laquelle vous avez su donner une façade si coquette.

Je vous fais mes plus grands compliments pour toutes ces diverses et heureuses applications.

Je crois à l'économie de votre système, surtout pour les édifices et châteaux éloignés des villes ; à sa solidité d'après l'appréciation d'hommes spéciaux et désintéressés, et ce que j'estime beaucoup encore, c'est que la transformation extérieure se fait sans troubler la jouissance du propriétaire.

Je vous félicite donc, Monsieur, et souhaite à votre invention toute l'extension et le succès qu'elle mérite et qu'elle doit entraîner forcément. Pour ma part, un peu plus tard, je vous viendrai peut-être en aide en vous confiant la restauration de ma maison de ville. Je serai heureux de vous donner cette marque de confiance.

Agréez, je vous prie, l'assurance de ma plus parfaite considération.

Signé : **H. Daudier.**

Manufacturier, Président de la Chambre de Commerce.

LETTRE DE Mme LA VICOMTESSE DE MOROGUES, PROPRIÉTAIRE A VILLEFALIERS.

Monsieur,

Vous me demandez si je veux bien certifier que la restauration que vous avez faite à mon château de Villefaliers, en placages de pierres naturelles, se maintient toujours dans un état parfait de solidité. C'est avec plaisir, Monsieur, que je m'empresse de le faire, et d'y ajouter l'expression de ma complète satisfaction sur le bon goût et l'élégance que vous avez apportés dans cette restauration, etc., etc.

Veuillez agréer, Monsieur, l'assurance de mes sentiments distingués.

Signé : Vme de Morogues.

Villefaliers près Cléry (Loiret), 1er décembre 1860.

LETTRE DE M. A. DE LANGE, PROPRIÉTAIRE AU CHATEAU DE LA CANTÉE.

Monsieur,

Je soussigné, propriétaire de la Cantée, certifie que la restauration des façades de mon château a été dirigée par M. A. Julteau, architecte à Orléans, exécutée d'après ses plans et suivant son système de placages de pierres naturelles et sans aucune dégradation intérieure.

Je certifie en outre que j'ai suivi l'exécution desdits placages, et que j'ai confiance en ce travail quand il est fait exactement d'après les plans et dessins de M. Julteau. Cette condition est indispensable.

Je dois déclarer aussi qu'aucune autre restauration n'était possible qu'avec une démolition complète qui eût entraîné une dépense beaucoup plus considérable.

Fait au château de la Cantée, près Ligny-le-Ribault (Loiret), en 25 novembre 1860.

Signé : A. de Lange.

LETTRE DE M. DUMUYS LE DER, PROPRIÉTAIRE AU CHATEAU DE BEL-AIR.

Monsieur,

Je soussigné, propriétaire, déclare être parfaitement satisfait de la restauration de ma propriété d'Ingré (Loiret), dirigée par M. A. Julteau, architecte à Orléans.

Je déclare en outre que les placages en pierres naturelles employés, d'après le système de M. A. Julteau, dans les façades du château, sont tels qu'ils ont été posés il y a dix-huit mois, et très-solides.

En foi de quoi je délivre le présent pour servir ce que de raison.

Château de Bel-Air près Ingré (Loiret), ce 30 novembre 1860.

Signé : Dumuys Le Der.

LETTRE DE M. L. DE MAINVILLE, PROPRIÉTAIRE AU CHATEAU DU CERBOIS.

Monsieur,

Je m'empresse de constater avec plaisir, dans l'intérêt de la vérité, que, par votre système de placages en pierres naturelles, vous avez apporté dans la construction des façades de mes château de Cerbois une très-grande économie.

Cette économie résulte non-seulement du placage, mais encore de la diminution considérable dans le cube des pierres et de la diminution du transport de ces pierres à ma propriété située à 20 kilomètres de la ville.

J'ajouterai que lorsque vous m'avez remis votre charmant dessin, je n'ai pas cru, ainsi que de mes amis, que l'exécution en fût possible, à moins d'une dépense beaucoup plus élevée que celle que j'étais décidé de faire.

Je me plais, Monsieur, à vous rendre cette justice, que votre système, dont je suis un des premiers à profiter, offre des avantages immenses, surtout pour les propriétés éloignées des grands centres.

Veuillez croire à ma haute considération et à l'expression de mes salutations empressées.

Signé : L. de Mainville.

Château du Cerbois près Marcilly-en-Villette (Loiret), ce 25 novembre 1860.

Orléans. — Imp. d'Émile Puget et Cie.

Avant de chercher à propager notre système de Placage en pierres naturelles à Paris, nous avons cru devoir le soumettre encore à deux de nos célébrités de l'Art, avec lesquelles nous avons eu plusieurs conférences. — Nous reproduisons ci-après les lettres que nous en avons reçues:

APPRÉCIATION DE M. VIOLLET-LE-DUC, OFFICIER DE LA LÉGION-D'HONNEUR, INSPECTEUR GÉNÉRAL DES ÉDIFICES DIOCÉSAINS, PROFESSEUR A L'ÉCOLE DES BEAUX-ARTS, ETC., A M. JUTTEAU, ARCHITECTE A ORLÉANS.

27 février 1864.

Monsieur,

J'ai l'honneur de vous répéter ce que je vous ai précédemment dit au sujet du procédé de Placage que vous employez et sur lequel vous avez bien voulu attirer mon attention et me demander mon avis.

Ce Placage est évidemment préférable à un enduit; il peut reconforter une construction, mais il peut la préserver des agents extérieurs, de l'humidité et surtout lui donner un aspect convenable au lieu de l'aspect délabré que présentent toujours ces enduits.

Votre procédé, bien employé, me paraît utile et il l'on ruais dans les conditions de faibles saillies qu'impose nécessairement ce mode de Placage.

Agréez, Monsieur, l'assurance de ma considération distinguée.

Signé : **Viollet-Le-Duc.**

APPRÉCIATION DE M. V. BALTARD, OFFICIER DE LA LÉGION-D'HONNEUR, MEMBRE DE L'INSTITUT, DIRECTEUR DU SERVICE D'ARCHITECTURE DE LA VILLE DE PARIS, A M. A. JUTTEAU, ARCHITECTE, MEMBRE DE L'ACADÉMIE DES SCIENCES, BELLES-LETTRES ET ARTS D'ORLÉANS.

Paris, 4 mai 1864.

Monsieur,

J'avoue que j'avais peu de tendance à donner mon approbation à votre système de Placage sur les Façades des bâtiments; mais, d'après les explications que vous m'avez données, je reconnais que ce système, avec les soins que vous mettez à son emploi, peut être avantageusement appliqué pour le rhabillage d'anciennes bâtisses, en dissimulant la pauvreté des matériaux de second ordre, d'une manière plus durable que ne seraient des enduits; mais sans préjudice des effets que les différences de tassement pourraient produire par la suite.

Agréez, Monsieur, l'assurance de ma considération distinguée.

Signé : **V. Baltard.**

LETTRE DE M. E. HAMON, ARCHITECTE A PARIS, A M. A. JUTTEAU, ARCHITECTE A PARIS.

Paris, 17 mai 1864.

Monsieur et cher Confrère,

Pour me servir de l'expression de l'honorable M. Baltard, j'ai fait rhabiller entièrement la Façade d'une Maison à Paris, quai de la Rapée, 68, avec votre système de Placage, et cela, dans les plus mauvaises conditions, sans cependant déranger aucun des Locataires.

Cette Façade est située au sud, où le Plâtre peint et repeint ne pouvait durer; vos Placages y produisent un excellent effet.

Je m'empresse donc de le déclarer, attendu que, comme beaucoup de mes Confrères, j'étais hostile en principe à ce genre de restauration, difficile à apprécier, du reste, sans voir quelques-uns de vos travaux et surtout sans en diriger soi-même l'exécution.

Je suis convaincu aujourd'hui que vos coopérateurs de nos Confrères, qui, comme moi, se rendront compte, par l'usage de votre Procédé, s'empresseront de vous offrir leur concours; et je ne saurais trop vous encourager dans l'idée que vous avez de le provoquer en appelant leur attention à cet égard; car, dans Paris et ses environs, il y a la plus grande partie des Maisons en plâtrage qui ont grand besoin de l'aspect sérieux que donne la pierre naturelle que vous employez.

Le succès de votre ingénieux Procédé me paraît donc désormais assuré, aussi bien à Paris qu'en province, où vous avez fait de nombreuses et charmantes restaurations. Vous avez d'ailleurs à Paris les hautes approbations des sommités de l'art auxquelles vous vous êtes adressé, et dont les faibles réserves théoriques tombent devant vos six années de succès incontestables.

Veuillez agréer, Monsieur et cher Confrère, l'assurance de mon loyal concours que je vous réitère, et l'expression de ma considération distinguée.

Signé : **E. Hamon.**

De tous les encouragements et félicitations que nous avons reçus, nous ne donnons ci-dessus que la lettre toute récente de l'honorable M. Hamon, auquel nous avons fait prendre connaissance des diverses appréciations qui nous sont parvenues. Son expérience pratique de notre système, lui permet de s'exprimer aujourd'hui, sans aucune réserve à ce sujet, et nous dispense de rien ajouter.

A. JUTTEAU.

Paris, 25 mai 1864.

PROJET DE VILLA

Construction en Moëllons.

Pl. II

A. Puiteau Arch.t   Imp Becquet frères à Paris   Ch. Walter lith

PROJET DE VILLA

Façade en Placages de Pierres Naturelles

Imp Becquet Frères à Paris

CHATEAU de VILLEVALIERS

Vieille façade

Pl. 30

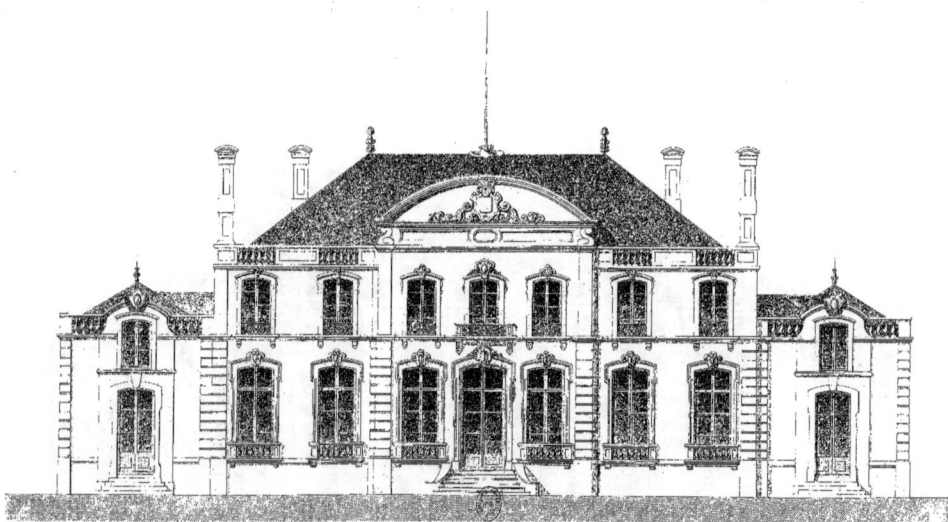

A. Sansoni del.   Imp. Becquet Frères à Paris   Ch. Walter lith.

CHATEAU DE VIGNEVALIERS

Restauration en Placages de Pierres Naturelles

Pl. V.

Imp. Bocquet Frères à Paris

A. Juteau Arch.t

Ch. Walter lith.

CHATEAU DE LA CANTEE

Vieille Façade

CHATEAU DE LA CANTHE

Façade Restaurée en Placages de Pierres Naturelles

Pl. VII

Imp. Becquet Frères à Paris

CHATEAU DE BEL-AIR.

Vieille Façade

Pl. 38

Imp.Bourgeois Frères à Paris.

CHATEAU DE BEL-AIR.

Façade Restaurée en Placages de Pierres Naturelles

Pl. IX.

A. Juteau, Arch.␣␣Imp. Becquet frères à Paris.␣␣Ch. Walter lith.

VIEUX CHATEAU

Façade à faire en Placages de Pierres Naturelles

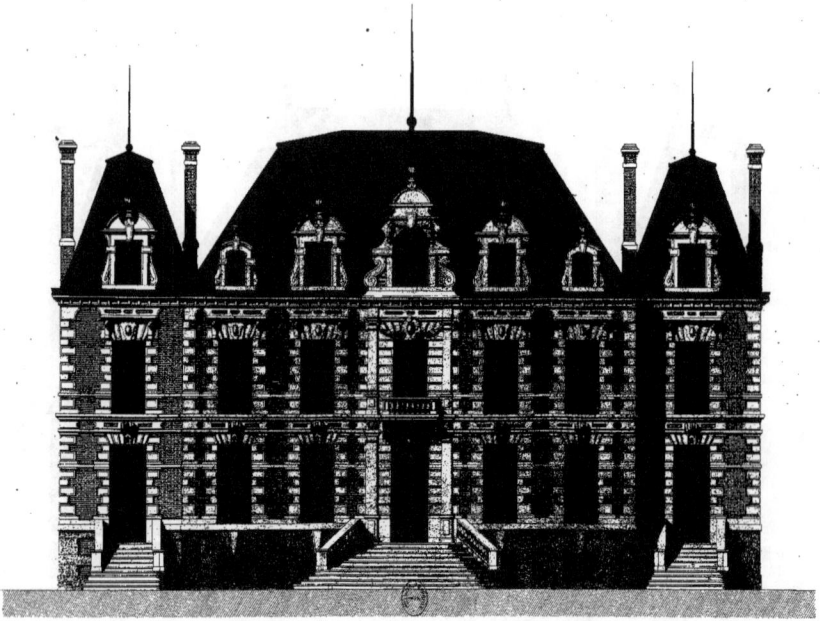

Pl. X

A. Julienn Arch.te — Imp. Becquet frères à Paris. — Ch. Walter lith.

CHÂTEAU du CERBOIS.

Specimen d'un Genre de Placage pouvant être appliqué au Vieux Château ci-contre.

Pl. XI.

A. Julienn Arch.ᵗᵉ Imp. Becquet Frères à Paris Ch. Walter lith

ÉGLISE COMMUNALE

Vieille Façade

A. Jutteau Arch.^{te}   Imp. Becquet frères à Paris.   Ch. Weber lith.

EGLISE COMMUNALE

Projet de Restauration de la Façade ci-contre en Placage de Pierres Naturelles.

Pl. XIII

Façade construite en Meulière

même Façade plaquée en Pierre Naturelle

www.ingramcontent.com/pod-product-compliance
Lightning Source LLC
LaVergne TN
LVHW052150080426
835511LV00009B/1775